GALINA SCHATALOVA

Wir fressen uns zu Tode

GOLDMANN
Lesen erleben

Buch

Inspiriert von der hippokratischen Feststellung, dass unsere Lebensmittel unsere Heilmittel und unsere Heilmittel unsere Lebensmittel sein sollen, hat die russische Ärztin Galina Schatalova ein Konzept der natürlichen Gesundung entwickelt. Sie ist überzeugt, dass der Mensch bei artgerechter Ernährung ein Lebensalter von 150 Jahren erreichen kann. Strikt wendet sie sich gegen die Kalorientheorie der ausgewogenen Ernährung, die der Natur des Menschen entgegensteht. Ihrer Darlegung zufolge ist der menschliche Organismus ausschließlich auf pflanzliche Nahrungsmittel festgelegt und benötigt zur Erhaltung des Grundstoffwechsels nicht mehr als 250 bis 400 Kalorien täglicher Nahrungszufuhr. Alles, was wir zu viel essen, belastet den Körper und muss von ihm »entsorgt« werden, sodass der Mensch seine »normale Lebensdauer« von 150 Jahren nicht erreicht. In ihrem Buch erläutert Schatalova die anatomischen und physiologischen Hintergründe ihres Konzepts und berichtet von ihren Erfahrungen bei seiner praktischen Erprobung. Der Leser erhält interessante Einblicke in ihren Arbeits- und Forschungsalltag und bekommt grundlegende Informationen und wichtige Hinweise, wie er dieses umfassende Gesundheitskonzept umsetzen kann.

Autorin

Galina Schatalova, Jahrgang 1916, war ausgebildete Chirurgin und Wissenschaftlerin. Sie leitete die medizinische Auswahlkommission für die sowjetischen Kosmonauten. 1960 begann sie mit der Entwicklung ihres revolutionären Heilkonzepts. Um den Erfolg ihrer Theorien zu beweisen, unternahm sie 1990 mit den von ihr behandelten Patienten eine 500 Kilometer langen Fußmarsch durch die Wüste. Die Autorin verstarb 2011 in Moskau.

Von Galina Schatalova sind bei Goldmann außerdem erschienen:

Heilkräftige Ernährung (21745)
Philosophie der Gesundheit (21860)

Galina Schatalova

Wir fressen uns zu Tode

Das revolutionäre Konzept einer russischen Ärztin für ein langes Leben bei optimaler Gesundheit

Aus dem Russischen von Felix Eder

GOLDMANN

Die russische Originalausgabe erschien 1996 unter dem Titel
»Vybor Puti« bei KSP Eleu & Co, Moskau.

Verlag und Übersetzer
bedanken sich bei Jelena Grachova,
die uns dieses Buch
eindringlich empfohlen hat.

MIX
Papier aus verantwortungsvollen Quellen
FSC® C014496
FSC
www.fsc.org

Verlagsgruppe Random House FSC® N001967
Das für dieses Buch verwendete FSC®-zertifizierte Papier
Pamo House liefert Arctic Paper Mochenwangen GmbH.

18. Auflage
Deutsche Erstausgabe April 2002

Umschlaggestaltung: Design Team München
Satz/DTP: Martin Strohkendl, München
Redaktion: Annette Gillich-Beltz
WL · Herstellung: WM
Druck und Bindung: GGP Media GmbH, Pößneck
Printed in Germany
ISBN: 978-3-442-14222-4

www.goldmann-verlag.de

Inhalt

Teil I: Das System der natürlichen Gesundung

TEIL II: ARTGERECHTE ERNÄHRUNG

Teil I

Das System der natürlichen Gesundung

1

Gefangene der Zivilisation

Verstand, Wille und Verantwortung

Ich werde häufig gefragt, was man tun muss, um auch im Alter seine Gesundheit und Leistungsfähigkeit zu bewahren, das Interesse am Leben zu behalten und ein aktives Mitglied der Gesellschaft zu bleiben. Ich werde gefragt, wie man sich richtig ernährt, richtig atmet, welche Körperübungen man machen sollte etc. Das ist zweifellos äußerst wichtig, und in den folgenden Kapiteln werde ich versuchen, darauf zu antworten.

Zunächst aber möchte ich Ihnen, den Lesern dieses Buches, eine Vorstellung von meinem »System der natürlichen Gesundung« vermitteln. Es kommt nicht auf eine mechanische Übernahme von Atem- und Körperübungen, Abhärtungstechniken und die Einhaltung von Ernährungsvorschriften an, sondern man muss auch verstehen, warum man das alles tut. Und dazu muss man wissen, nach welchen Naturgesetzen die Grundprozesse des menschlichen Organismus funktionieren. Das Bewusstsein und das Unterbewusstsein sind für den Prozess der Gesundung ebenso wichtig wie alles andere auch.

Ich spreche bewusst von einem *System* der natürlichen Gesundung. Mit anderen Worten: Wenn Sie gesund sein wollen, dann legen Sie sich eine Reserve an Geduld und

Willen an, die nicht nur für eine Woche oder einen Monat reicht, sondern für das ganze Leben. Ihnen steht eine schwere Arbeit bevor, da Sie Ihre Denk- und Lebensweise völlig umstellen müssen. Sie werden auf zahlreiche schädliche Gewohnheiten verzichten müssen und sich neue, nützliche aneignen. Und schließlich das Wichtigste: Sie müssen sich wieder als Teil der Natur verstehen. Hier werden Sie auf die allergrößten Schwierigkeiten stoßen, nachdem die gesamte moderne Zivilisation nicht auf Harmonie mit der Natur aufgebaut ist, sondern auf Konfrontation mit ihr.

Das Gesagte schließt selbstverständlich nicht die Möglichkeit aus, die in dem Buch beschriebenen Methoden zur Lösung bestimmter Teilprobleme zu nutzen. Etwa um überflüssiges Gewicht abzubauen oder um Atembeschwerden oder Erkältungskrankheiten loszuwerden.

Ich verwende auch ganz bewusst das Wort *natürlich*. Darunter ist die Notwendigkeit zu verstehen, jene Naturgesetze zu beachten, die unsere Existenz bestimmen. Bereits im ersten Viertel des 20. Jahrhunderts hat der große Gelehrte Wladimir Wernadski* den Gedanken geäußert, dass die Menschheit mit der lebenden und leblosen Natur ein Ganzes bildet, das nach den Gesetzen der Natur funktioniert. In der Erkenntnis dieser Gesetze sind wir noch nicht sehr weit vorgedrungen. Das hat dazu geführt, dass die Entwicklung der Zivilisation einen ungesunden Verlauf genommen hat. Es sind Vorstellungen über die Lebensnormen entstanden, die die Menschheit an den Rand der Selbstvernichtung gebracht haben. Dazu kommt, dass der Unterschied zwischen der natürlichen

* Wladimir Iwanowitsch Wernadski, 1863–1945, russischer Mineraloge und Kristallograph, einer der Begründer der Geochemie und Biogeochemie

und der realen Lebenserwartung der Menschen mehrere Jahrzehnte beträgt. – Woher nehme ich diese Zahl?

Beim Studium der lebenden Natur haben die Biologen schon lange folgende Gesetzmäßigkeit erkannt: Die Zeit von der Geburt eines Tieres bis zu seiner Reife beträgt je nach Art zwischen 1/7 und 1/17 der allgemeinen Lebensdauer. Wenn wir nun annehmen, dass der Mensch mit 22 Jahren erwachsen wird, lässt sich leicht berechnen, dass das ihm von der Natur zugeteilte Lebensalter mindestens 154 Jahre beträgt.

Aber die Realität ist davon im Moment weit entfernt. Das bedeutet, dass entweder unsere Berechnungen fehlerhaft sind oder dass andere Gründe existieren, welche uns mit 60 oder 70 Jahren zu gebrechlichen Greisen machen. Die erste Annahme kann man ausschließen, da weltweit die Zahl der Menschen, die die Hundertjahrgrenze überschreiten, zu hoch ist, um für einen Zufall zu gelten.

Der Schluss drängt sich auf, dass es an uns selbst liegt, an unserer Ignoranz gegenüber den Gesetzmäßigkeiten der Natur, an unserer Lebensweise, unseren Gewohnheiten und Lastern, welche häufig zu unserem zweiten Ich werden. Rechtfertigen wir sie nicht mit unserem schweren und stressreichen Alltag. Diese Rechtfertigung wäre das Allereinfachste, denn sie verlangt vom Menschen keinerlei Bemühungen zur Überwindung der eigenen Schwäche. Zudem ist sie fehlerhaft, zumal auch in den entwickelten kapitalistischen Ländern, wo man die Ungereimtheiten des Alltags längst vergessen hat, das durchschnittliche Lebensalter 80 Jahre nicht übersteigt.

Es geht folglich nicht um die Umstände, sondern darum, dass wir nicht fähig sind, einen großen Reichtum zu nutzen, welchen uns die Natur geschenkt hat: die grenzenlosen Möglichkeiten des menschlichen Organismus. Mehr noch, wir haben sie noch nicht einmal gebührend verstanden.

Launen und Gewohnheiten, Dogmen und Vorurteile ersetzen uns häufig wissenschaftliche Kenntnisse. Und das Traurigste dabei ist, dass die Erkenntnis der Naturgesetze auf einem sehr niedrigen Niveau stehen geblieben ist. So paradox das klingen mag: Wir wissen bis heute nicht, welche Wirkung die eingenommene Nahrung auf den Organismus hat, obwohl der Ernährungsprozess ebenso lang existiert wie der Mensch selbst.

Wir verwenden bis heute bei der Herstellung von Lebensmitteln und Medikamenten sowohl künstliche Stoffe als auch Substanzen, welche zwar natürlichen Ursprungs sind, aber bis zur Unvernunft konzentriert werden. Damit steuern wir auf eine kollektive Selbstvergiftung der Menschheit zu.

Die Natur hat für die Menschen ziemlich deutliche Grenzen für sein Überleben als Art vorgesehen. Der Temperaturrahmen, in dem ein nicht durch Kleidung oder die Mauern seiner Wohnstätte geschützter menschlicher Organismus existieren kann, ist äußerst gering und beträgt etwa 50 bis 60 Grad. Der menschliche Verstand erlaubte es, diese Grenzen etwas zu erweitern. Aber indem der Mensch für sich eine künstliche Lebenssphäre schuf, zerriss er gleichzeitig die Fäden, welche ihn mit der Natur verbinden, und es entstand die Illusion, dass ihm alles erlaubt ist. Diese Selbstsicherheit bleibt nicht ungestraft: Der Organismus, der keine natürlichen Lebensbedingungen kennt, wird eine leichte Beute zahlloser Krankheiten.

Aber die Menschen suchen die Ursachen ihrer Erkrankungen nicht im Verlust der Harmonie mit der Natur und den daraus folgenden falschen Lebensnormen, sondern in willkürlich entstehenden Störungen der inneren Organe. Die Krankheiten selbst werden als »Pannen« dieser Organe angesehen. Der vereinfachte Blick auf die menschlichen Gebrechen hat den Glauben geschaffen, dass das Studium des Aufbaus und der Funktion jedes einzelnen Organs es erlaubt, mithilfe der Synthetisierung einer neuen Arznei das Organ zu »reparieren«. Das hat dazu geführt, dass die europäische Medizin ihre Bemühungen auf die Erforschung von Details konzentriert hat, und zwar auf Kosten der Erkenntnis des Ganzen – des menschlichen Organismus. Heute zählt man mehr als 170 medizinische Disziplinen, von denen sich jede mit der Erforschung eines bestimmten Details beschäftigt. Nicht zufällig wissen wir immer noch nicht, wie ein gesunder Mensch sein soll, wir haben keine objektiven physiologischen Gesundheitskriterien. Vor vielen Jahren wurde auf einer Sitzung der Weltgesundheitsorganisation, wo die Creme der Gelehrten versammelt war, folgende beschreibende Formel beschlossen: »Unter Gesundheit versteht man einen Zustand, in dem der Mensch nicht krank ist und sich in der Lage seines vollständigen physischen, geistigen und sozialen Gedeihens befindet.«

Eine derartige Definition kann natürlich nicht als Grundlage für ein wirksames System der Gesundheitsprophylaxe dienen, weil sie weder den seelischen noch den körperlichen Gesundheitszustand ausdrückt. Mich regte dies seinerzeit an, eine Reihe von Untersuchungen durchzuführen mit dem Ziel, eine solche Grundlage zu finden. Und es stellte sich heraus, dass ein wirklich gesunder Mensch etwa fünfmal weniger Sauerstoff benötigt als sein »praktisch gesunder« Kollege. Der Erstere atmet sogar ohne spezielle Vorbereitung langsamer, nämlich drei bis vier Zyklen pro Minute, und nicht 18 bis 20 wie der Letztere.

Dieses Faktum bestätigt meine Vorstellungen über den Energiebedarf des Organismus für seinen Grundstoffwechsel, d.h. für die einfache Aufrechterhaltung seiner Funktionen. Man war früher der Meinung und meint auch heute noch, dass der Mensch in Abhängigkeit von der Körpermasse zur Erhaltung seiner Lebensfunktionen sogar im Zustand der vollständigen Ruhe täglich zwischen 1200 und 1700 Kilokalorien braucht. Aber es stellte sich heraus, dass diese Werte nur auf diejenige Kategorie von Menschen zutreffen, welche der modernen Zivilisation unkritisch ergeben sind. Als Lohn für ihre Treue erhalten diese Menschen die so genannte praktische Gesundheit, welche nur eins bedeutet: Die Krankheiten überwiegen noch nicht die Gesundheit, aber sie sind auf dem besten Weg dahin.

Ich habe errechnet, dass der Grundstoffwechsel eines wirklich gesunden Menschen, der die Empfehlungen des Systems der natürlichen Gesundung beachtet, vier- bis fünfmal weniger Energie verbraucht: nämlich 250 bis 400 Kilokalorien in 24 Stunden.

Diese Erkenntnisse diktieren auch ein neues Herangehen an den Kaloriengehalt der täglichen Nahrungsmenge. Bereits Anfang der 80er-Jahre ist es mir auf Grund langjähriger und zahlreicher Experimente gelungen festzustellen, dass eine bedeutende Senkung der täglichen Nahrungsmenge auch bei anhaltender und schwerer physischer Belastung bei entsprechend vorbereiteten

Menschen nicht die Körpermasse verringert, sondern ihre Widerstandsfähigkeit erhöht. In diesem Zusammenhang drängt sich die alte Weisheit auf, wonach das Neue das längst vergessene Alte ist. Schon in der Antike sprach man davon, dass die mächtigen Krieger Spartas ihre Tagesration beim Abendappell bekamen. Sie hatte auf ihren Handtellern Platz und war trotzdem ausreichend, um ihre Willenskraft, ihre Widerstandsfähigkeit und ihre mächtige Körpermasse zu erhalten.

Es gibt zahlreiche objektive Kriterien für die Gesundheit, aber sie sind nicht genügend erforscht. Deshalb werde ich hier nur mit den Kriterien operieren, von deren Zuverlässigkeit und Richtigkeit ich vollständig überzeugt bin, weil ich sie im Zuge meiner eigenen Forschungen herausgefunden habe.

Warum halte ich das Studium der Kennzeichen eines gesunden Organismus für so wichtig? Weil uns das einen Schlüssel zur Antwort auf eine der aktuellsten Fragen der Zeit gibt: Was ist Gesundheit und was ist Krankheit? Nur wenn wir die Antwort darauf haben, können wir die Akzente in der praktischen Medizin versetzen – von der Behandlung und Prophylaxe von Krankheiten auf das Herstellen und Bewahren der Gesundheit.

Ein gesunder Organismus ist ein sich selbst regulierendes System, das die Lebensprozesse automatisch steuert. Dieses dynamische Selbststeuerungssystem ist dermaßen kompliziert aufgebaut, dass es mit unseren heutigen Möglichkeiten nicht vollständig verstanden werden kann. Umso wichtiger ist es für uns, zumindest die für uns zugänglichen objektiven Kennzeichen der Gesundheit hervorzuheben und zu beschreiben. Dies gibt uns die

Möglichkeit, nicht in den Fußspuren bereits ausgebrochener Krankheiten zu verharren, sondern die Bedingungen zu suchen und zu finden, unter denen der Organismus in vollem Maß seine Fähigkeit zur Selbstregulierung und Selbstregeneration verwirklichen kann. Genau dieses Prinzip liegt dem System der natürlichen Gesundung zu Grunde. Ich halte die Behandlung nicht für eine Form der Einwirkung auf den Organismus mithilfe von Medikamenten oder physiotherapeutischen Eingriffen. Streng genommen versuche ich nur, das Rätsel der natürlichen Selbstregulierung des menschlichen Organismus zu entschlüsseln. Die Krankheit selbst besteht für mich nicht aus Symptomen, ich betrachte sie nicht als Störung der Funktionen einzelner Organe, sondern als Störung der Selbstregulierung eines ganzheitlichen Organismus in seiner Einheit mit der Umwelt. Die Ergebnisse dieser Arbeit sind überwältigend. Menschen, die von der modernen Medizin zum Tode verurteilt waren, kehren buchstäblich aus dem Jenseits zurück. Die Gesundheit baut sich sogar bei schwersten Krebs-und Herz-Kreislauf-Erkrankungen wieder auf. Es sind Fälle dokumentiert, wo Krebskranke, deren Organismus von Metastasen befallen war, gesund nach Hause zurückkehrten.

Die großen Möglichkeiten des Systems der natürlichen Gesundung sind unumstößlich. Als Beleg dafür mögen meine Heil-und Vorbeugetätigkeit als praktische Ärztin und meine langjährigen Experimente gelten, die die theoretischen Grundlagen des Systems bestätigen. Zu den aussagekräftigsten Experimenten gehört wohl jenes einzigartige Unternehmen, welches ich im Sommer 1990 durchgeführt habe.

Ich wollte überprüfen, ob und wie es dem Menschen

möglich ist, schweren und lang anhaltenden physischen Belastungen unter extremen Bedingungen standzuhalten. Das Experiment wurde in der Wüste durchgeführt. Es bestand aus kilometerlangen Fußmärschen nach einer von mir ausgearbeiteten Methode. An dem Experiment nahmen ehemalige Patienten von mir teil, die noch kurze Zeit davor an weit verbreiteten chronischen Erkrankungen gelitten hatten wie insulinabhängiger Diabetes, chronischer, nicht medikamentös zu behandelnder Bluthochdruck, Zwölffingerdarmgeschwür, schwere Nierenbeckenentzündung und, auf Grund einer Medikamentenallergie, Leberzirrhose, Bauchspeicheldrüsenkrebs und Herzinsuffizienz im Zusammenhang mit Fettleibigkeit. Geleitet wurde die Gruppe von der damals 75-jährigen Autorin dieses Buches.

Natürlich waren die Teilnehmer des Experiments vor seiner Durchführung entsprechend dem System der natürlichen Gesundung geheilt und in einen Zustand wirklicher Gesundheit versetzt worden.

Das Programm des Experiments umfasste einen 500 Kilometer langen Marsch durch die Sandwüste des Zentralkarakum von Bacharden bis zum Kurtamyschker Nationalpark. Es war vorgesehen, die Strecke in 20 Tagen zurückzulegen, aber die Teilnehmer haben die gewaltigen körperlichen Belastungen derart gut bewältigt, dass wir mit nur 16 Tagen ausgekommen sind.

Die Ergebnisse des Experiments haben alle Erwartungen übertroffen. Die Teilnehmer des Marsches fühlten sich großartig, und sie hielten nicht nur ihr Körpergewicht, sondern haben an Gewicht zugelegt, wobei sie mit einem Minimum an Nahrung und Wasser ausgekommen sind.

Dieses einzigartige Experiment hat noch einmal gezeigt, wie groß und grenzenlos die Möglichkeiten des menschlichen Organismus unter den Bedingungen des Systems der natürlichen Gesundung sind.

Der Mensch ist das größte Rätsel der Natur, geschaffen als ein sich selbst steuerndes und sich selbst erneuerndes System in seiner Einheit mit der Umwelt. Iwan Pawlow* hat festgestellt, dass die Adaptionsfähigkeit des menschlichen Zentralnervensystems es ihm nicht nur erlaubt, sich konstant zu regenerieren, sondern auch zu vervollkommnen, wenn die Bedingungen gegeben sind. Die Suche und Verwirklichung dieser Bedingungen ist in meinen Augen das Wesen der natürlichen Gesundung und die Zukunft unserer Medizin. Um diese Aufgabe zu verwirklichen, muss der Mensch sich seiner hohen Verantwortung für das persönliche und allgemeine Wohl bewusst werden.

Die Grundlagen des Systems

Die drei Säulen, auf denen das System der natürlichen Gesundung ruht, sind die *geistige, psychische und physische Gesundheit.* Bitte beachten Sie, dass an erster Stelle die geistige Gesundheit steht.

Was verstehe ich darunter? Vor allem die Abwesenheit von Egoismus, das Streben nach Selbstverwirklichung in schöpferischer Arbeit zum Wohle der Gesellschaft, Geduld, Toleranz, das Streben nach Einheit mit der Natur im weitesten Sinn des Wortes, das Verständnis der

* Iwan Petrowitsch Pawlow, 1849–1936, russischer Physiologe, Nobelpreis für Physiologie und Medizin 1904

Gesetze der Einheit alles Lebenden und das Prinzip einer lebendigen Ethik, einer kosmischen Liebe.

Mit anderen Worten ist ein geistig gesunder Mensch der, der in seinem Verhalten von den Prinzipien natürlicher Güte und Liebe geleitet wird, der nicht für sich allein auf Kosten anderer lebt, sondern gleichermaßen in der Sorge um seinen Nächsten. Dabei muss man sich darüber im Klaren sein, dass das Leben nach den Gesetzen der Güte nicht einer von vielen möglichen Wegen zur Entwicklung und Vervollkommnung der menschlichen Gesellschaft ist, sondern der einzige, der uns Hoffnung gibt, gemeinsam zu überleben. In diesem Zusammenhang bin ich vollständig einig mit den Gelehrten, welche von einer Vorprogrammierung des Entwicklungsprozesses sowohl der belebten als auch der unbelebten Natur sprechen. Das zeigte ziemlich überzeugend der Petersburger theoretische Physiker Ilja L. Gerlowin in dem von ihm veröffentlichen Paradigma über lebensfähige und sich entwickelnde Systeme.* Es enthält acht Bedingungen, deren Beachtung verbindlich ist, damit ein System seine Lebensfähigkeit bewahren und sich entwickeln kann.

Den Hauptgedanken des Paradigmas kann man folgendermaßen zusammenfassen: Jedes System ist lebensfähig, wenn es aus untereinander verbundenen und Information austauschenden Teilsystemen besteht. Wenn in einem Subsystem Ordnung und Harmonie herrscht, beschickt es die Informationskanäle mit Informationen, die eine stabile, harmonische Entwicklung der anderen

* Ilja L. Gerlowin, russischer Physiker; die Autorin bezieht sich hier auf den Titel »Grundlagen einer einheitlichen Theorie aller Wechselbeziehungen in der Substanz«. Leningrad, Energoatomizdat 1990.

Subsysteme unterstützen. Und umgekehrt rufen Chaos, Gewalt, Disharmonie in einem Subsystem eine negative Reaktion in den anderen hervor und destabilisieren die Situation auch dort. Das kann in letzter Konsequenz das Ende des Systems bedeuten. Die katastrophalsten Folgen ruft jedoch das Abreißen der Verbindungskanäle zwischen den Teilsystemen hervor. Das führt unweigerlich zum Tod des Systems insgesamt. Am Vorabend dieses Zustandes befinden wir uns heute, zumal die Verbindung zwischen den Teilsystemen – der menschlichen Gesellschaft und der Natur – zerbrechlich ist und bis auf das Äußerste beansprucht wurde.

Darum ist es ein unverzichtbares Element meiner Arbeit, die mir anvertrauten Menschen zu einem gütigen Verhältnis zu den anderen und zur Natur in all ihrer Größe und Vielfalt zu erziehen.

Untrennbar verknüpft mit der geistigen ist die psychische Gesundheit. Darunter verstehe ich ein harmonisches Zusammenwirken des Bewusstseins und des Unterbewusstseins. Das Gehirn des Menschen spielt im Organismus eine doppelte Rolle. Es sichert die Lebensfähigkeit und die Lebenstätigkeit der einzelnen Organe, die unseren Organismus bilden. Dafür sind jene Strukturen des Zentralnervensystems verantwortlich, welche mit dem Unterbewusstsein zusammenhängen. Sie sind ziemlich stabil und eine Art automatischer Regulator.

Der menschliche Organismus befindet sich, auch wenn der Mensch selbst ganz anders denkt, in vollständiger Abhängigkeit von seiner Umwelt, und er muss deshalb sensibel auf die dort stattfindenden Veränderungen reagieren und einschätzen, ob diese Veränderungen keine Gefahr für seine Existenz bedeuten. Unser Bewusstsein fungiert also als eine Art Wächter bzw. Kontrolleur. Somit sichert die Einheit von Bewusstsein und Unterbewusstsein die Stabilität des menschlichen Organismus und der arteigenen Anpassungsmechanismen an die Umwelt.

Das ist natürlich ein sehr vereinfachtes Schema, das nicht die ganze Vielfalt der Funktionen des menschlichen Gehirns umfasst. Aber es wurden jene Bereiche hervorgehoben, welche einen unmittelbaren Bezug zu unserem Thema haben.

Schließlich die letzte der drei Säulen: die physische Gesundheit. Das ist das Kriterium, das am schwierigsten zu erforschen ist. Vor allem deshalb, weil absolute Gesundheit heute eine Seltenheit ist. Unsere deformierte Zivilisation versetzt der Gesundheit des Menschen bereits Schläge, wenn dieser noch im embryonalen Stadium seiner Entwicklung ist. Somit sind bereits bei der Geburt eines Kindes künftige Erkrankungen in seinen Genen angelegt. Darum ist die Wiederherstellung der physischen Gesundheit ein sowohl physisch als auch psychologisch schwieriger Prozess.

Ich habe nun mein System in groben Zügen dargestellt und die Ziele genannt, die ich anstrebe. Jetzt möchte ich darüber sprechen, welche Mittel erforderlich sind, um diese Ziele zu erreichen.

Bei der »Erfindung« des Systems der natürlichen Gesundung spielen die Errungenschaften der modernen Wissenschaft eine bedeutende Rolle – die Arbeiten der besten Gelehrten aller Zeiten und Völker, der Griechen, Römer und Ägypter, in denen ein tiefes Verstehen der Prinzipien der physischen Gesundheit und der Wichtigkeit der Einheit des Organismus mit der Umwelt seinen Niederschlag gefunden hat.

Die praktische Grundlage des Systems bilden Methoden und Praktiken, von denen viele der Menschheit seit alters her bekannt sind. Es gibt darin auch Elemente der altindischen und altchinesischen Volksmedizin sowie verschiedener östlicher Kampftechniken, Atemübungen in ihrer ganzen Vielfalt etc.

Dieser ganze Methodenkomplex soll die Normalisierung von Atmung, Wärmehaushalt, psychischer Tätigkeit und Ernährung bewirken – zweifellos die engste Wechselbeziehung zwischen unserer Umwelt und der Innenwelt des Menschen.

Unter den Lebensbedürfnissen des Menschen ist die Atmung das Wichtigste. Mit dem ersten Atemzug beginnt das Leben, mit dem letzten endet es. Wenn der Mensch ohne Wasser einige Tage leben kann, ohne Nahrung Wochen und Monate, ohne Bewegung Jahre, so kann er ohne Atmung nur Sekunden überleben, im besten Fall Minuten. Der Blutkreislauf, die Versorgung des Körpers mit Nährstoffen und der Wärmehaushalt hängen mit der Atmung zusammen.

Eine äußerst wichtige Rolle bei der Erhaltung der Gesundheit spielt die Qualität des Ernährungsprozesses. Hier ist zu berücksichtigen, dass der Organismus des Menschen von der Natur auf bestimmte Arten der Nahrung programmiert ist, vor allem auf Nahrung pflanzlicher Herkunft. Das ergibt sich aus den anatomisch-physiologischen Besonderheiten seines Organismus. Die Störung einer konsequenten artgerechten Ernährung ist die Ursache zahlreicher Übel. Jedoch entfernt sich der Mensch im Zuge seiner Entwicklung immer weiter von einer artgerechten Ernährung, indem er seine Nahrung durch Lebensmittel tierischer Herkunft und synthetische

Stoffe ergänzt. Dies hat einerseits seine Möglichkeiten im Kampf um das Überleben erweitert. Andererseits wurde es zur Ursache zahlreicher Abweichungen von den Normen der physischen Gesundheit, denn der Konsum von Fleisch und Fisch ist nur möglich, wenn der Organismus sich entsprechend umstellt und anpasst.

Die weit verbreitete Vorstellung, dass die Nahrung die einzige Quelle zur Deckung des Energiebedarfs ist, hat der Gesundheit des Menschen einen riesigen Schaden zugefügt. Die Grundlage dieser Auffassung entstand gegen Ende des 19. Jahrhunderts. Damals stellten sich deutsche Wissenschaftler die Aufgabe, die für den Menschen erforderliche Nahrungsmenge in Kalorien festzulegen. So wurde die Basis für die Kalorientheorie der ausgewogenen Ernährung gelegt. Als Grundlage wurde der mittlere statistische Kaloriengehalt der täglichen Nahrung eines Bewohners Deutschlands verwendet. Für die damalige Zeit war das ein progressiver Schritt, der es ermöglichte, zumindest irgendwie die Nahrungsration zu regulieren. Aber seither sind mehr als hundert Jahre vergangen, und die offizielle Wissenschaft hat nichts wesentlich Neues hinzugefügt. Man hat lediglich die Vorgaben für den Kalorienverbrauch mit der Zeit etwas gesenkt. Aber die Kalorientheorie der ausgewogenen Ernährung als solche herrscht weiter, quält die Menschen und verkürzt ihr Leben.

Ich persönlich nenne sie die »Heizkesseltheorie«. Im Grunde ist sie ziemlich einfach und auf den ersten Blick logisch. Sie basiert auf der Vorstellung, dass der Energieverbrauch des Menschen ausschließlich durch die Energie der Nährstoffe, die er zu sich nimmt, gedeckt wird. Diese Energie entsteht im Verbrennungsprozess, wenn die chemischen Verbindungen der Nährstoffe umgewandelt werden.

Der Mensch »füttert« das »Heizwerk« seines Organismus mit der nötigen Menge an Nährstoffen, diese werden verbrannt, und die dabei frei werdende Energie kompensiert den gesamten Energieaufwand.

Es wurde auch eine Methodik zur Berechnung der Energiemenge entwickelt, die von den einzelnen Lebensmitteln freigesetzt wird. Sie wird durch ihre Verbrennung und die Summierung der erhaltenen Wärmemenge festgestellt. Aufbauend auf diese Theorie empfehlen die Mediziner, täglich 80 bis 100 Gramm Eiweiß zu essen, 80 bis 100 Gramm Fett und 400 bis 500 Gramm Kohlenhydrate. Umgerechnet auf Nahrungsmittel bedeutet das etwa ein halbes Kilogramm Fleisch, 80 bis 100 Gramm Fett, eineinhalb bis zwei Kilogramm Gemüse, Getreide, Zucker und Mehlprodukte. Ich selbst esse bedeutend weniger, und ich fühle mich hervorragend.

Dem Alter nach sollte ich eigentlich daheim sitzen und Socken stricken, ich aber bin ständig in Bewegung. Allein in den letzten vier Jahren durchquerte ich viermal zu Fuß die Sandwüsten des Zentralkarakum und Kysylkum. Mit einer Gruppe von Gleichgesinnten machte ich eine Gebirgswanderung von Naltschik nach Pizunda, bei der wir vier Gebirgspässe überquerten. Wir waren 23 Tage unterwegs, und unsere Tagesration bestand aus 50 bis 100 Gramm Buchweizen und 100 Gramm Trockenfrüchten. In Pizunda trafen wir genauso munter ein, wie wir aufgebrochen waren, während zufällige Weggefährten buchstäblich zusammenbrachen vor Erschöpfung. Bei unseren Wanderungen durch den Altai, Tjen-Shen und Pamir verhielt es sich genauso.

Ein weiteres unverzichtbares Element des Systems der natürlichen Gesundung ist eine lebenswichtige Funktion aller lebenden Organismen. Die *Bewegung*. Darunter verstehe ich nicht nur die Möglichkeit des lebenden Organismus, seine Position im Raum zu verändern (nennen wir das äußere Bewegung), sondern auch Prozesse, die sich innerhalb des Organismus abspielen (innere Bewegung). Beide hängen zusammen und sind einem gemeinsamen Ziel unterworfen, nämlich dem Organismus die optimalen Existenzbedingungen zu sichern.

Und schließlich noch ein letztes Hauptelement des Systems: die *Abhärtung*, d.h. die natürliche Wärmeregulation muss normalisiert werden. Jede biologische Art, so auch der Mensch, hat ihre spezifischen biologischen Grenzen des Temperaturhaushalts. Die verzärtelnde Wirkung unserer Zivilisation hat diese Grenzen für den Menschen eingeschränkt, was keineswegs als normal angesehen werden kann.

Der Mensch sollte weder bei Hitze noch bei Kälte besondere Unannehmlichkeiten empfinden. Aber besonders wichtig ist es, dass er keine Angst vor der Kälte hat. Die Kälte sollte sein Verbündeter werden, weil sie die Schutzkräfte des Körpers mobilisiert, seine Tätigkeit harmonisiert und den Prozess der Selbstregulierung stimuliert. Darin besteht auch der Sinn der Abhärtung, welche sich organisch in das System der natürlichen Gesundung einfügt.

In den Fesseln der Trägheit

Meine Vorträge nehmen viele Menschen auf Tonband auf oder sie schreiben mit. Ich kann sie verstehen: Die Menschen möchten gesund sein, sie möchten so leben, wie es ihnen die Natur bestimmt hat. Aber kaum ist der Vortrag zu Ende, gehen die Hörer nach Hause, und schon beginnt ihr Wunsch, auf neue Art zu leben, unmerklich zu verschwimmen: heute ein Zugeständnis an die Trägheit, morgen das nächste. Schließlich nehmen Trägheit und Zivilisation überhand, und ade ihr guten Vorsätze. Man braucht eine ausreichende Menge an Wissen und innerer Kraft, einen starken Willen, um der Macht der traditionellen – und verhängnisvollen – Lebensweise zu widerstehen, welche ungleich gefährlicher ist als Alkoholismus, Rauchen und andere Formen von Sucht. Denn der Alkoholiker und der Süchtige wissen zumindest um ihre Krankheit.

Und jetzt denken sie darüber nach, ob sich ein »praktisch gesunder« Mensch krank und minderwertig fühlt, wenn er jeden Morgen reichlich frühstückt, Frau und Kinder küsst, mit dem Bus zur Arbeit fährt, zur vorgegebenen Zeit in der Werkskantine oder in der nächsten Imbiss-Stube sein Mittagessen einnimmt, am Abend heimkommt, sein Abendbrot zu sich nimmt, die Zeitung liest, fernsieht und sich schließlich schlafen legt. Um ihn sorgen sich Konstrukteure, Designer, um für ihn den bequemsten, den weichsten Lehnstuhl oder die eleganteste Couch zu entwerfen. Die Bauern füttern ihr Vieh, damit der Tisch unseres Normalbürgers reich gedeckt bleibt. Talentierte Journalisten und andere Vertreter der schöpferischen Zunft machen sich Gedanken darüber, wie sie den werten Erdbewohner unterhalten können.

Die Menschen fahren auf Dienstreise oder in den Urlaub, und an den Fenstern fliegen kilometerlange Fabrikgelände vorbei, Alleen von Hochspannungsmasten, unüberschaubare Getreidefelder, die Stallungen von Viehzuchtbetrieben, die Betonsäulen von Staudämmen, und die Herzen der Menschen hüpfen unwillkürlich vor Entzücken über die Macht des Intellekts und die Geschicklichkeit der Menschen, denn das alles ist wirklich auf seine Weise schön, talentiert und vernünftig.

Und plötzlich kommt eine gewisse Frau Schatalova oder eine andere Gestalt und erzählt, dass die Menschheit alles falsch macht: Sie ernährt, atmet und bewegt sich nicht richtig. Nicht einmal richtig denken tut sie. Noch jemandem kommt in den Sinn, dass das System der Landwirtschaft, nach welchem heute angebaut wird, zu nichts gut ist, weil es die Fruchtbarkeit der Böden zerstört. In einer anderen Ecke der Welt predigt ein weiterer Sonderling, dass die heutigen Formen der Energiegewinnung und die modernsten Technologien die Natur zerstören. Und alle betonen, dass diese wohnliche, bequeme Zivilisation in Wirklichkeit ungeheuerlich, verschwenderisch und tödlich für den Menschen ist, weil sie die natürlichen Bedürfnisse durch künstliche ersetzt und beständig zur Selbstvernichtung des Menschen führt. »Glauben die denn im Ernst«, denkt der Normalbürger bei sich, »dass alle Menschen aus dem Tritt geraten sind und nur sie wissen, wo's lang geht?« Wer auch immer was denkt, ich persönlich bin der Meinung, dass sich früher oder später alle umstellen müssen. Wenn es nur nicht zu spät sein wird. Ich bin weder Physiker noch Agronom, weder Lyriker noch Ingenieur. Ich bin Ärztin, deshalb werde ich mit Fakten und Beobachtungen argumentieren, welche beim Studium des menschlichen Organismus gesammelt wurden.

Wer davon ausgeht, dass unsere Lebensbedürfnisse in ihrer heutigen Form ewig gegeben und dem Menschen organisch eigen sind, irrt gewaltig. Am deutlichsten wird dieser Irrtum bei der Ernährung.

Ich habe schon meine Meinung über die so genannte Theorie der ausgewogenen Ernährung gesagt. Diese ist in Wirklichkeit keine theoretische, sondern eine ideologische Formulierung verdrehter Vorstellungen über die Ernährung, die sich im Volksbewusstsein festgesetzt haben. Sie fügt der Gesundheit der Menschen einen weitaus größeren Schaden zu als alle Epidemien der Welt zusammen. Das betrifft die entwickelten Länder des Westens genauso wie die prosperierenden Länder des Fernen Ostens – Japan, Südkorea u.a sind keine Ausnahme, obwohl hier die Traditionen der alten Kultur, welche den Menschen in seiner Ganzheitlichkeit wahrnehmen, noch stark zu sein scheinen.

Jetzt aber zum Begriff der artgerechten Ernährung. Seinerzeit hat Wladimir Wernadski den Gedanken geäußert (meiner Meinung nach müsste man diesen Gedanken zum Naturgesetz erheben), dass die chemische Zusammensetzung der Zellen jeder Art eines lebenden Organismus nur ihr selbst eigen ist, nämlich dieser Art. Und die Stabilität der chemischen Zusammensetzung ist von der Beständigkeit der artgerechten Ernährung abhängig.

Schauen wir uns dafür den Yak an, der unter den harten Bedingungen des Hochgebirges lebt. Wovon ernährt er sich? Von Gras, und ausschließlich von Gras. Dabei ist das ein mächtiges Tier, dessen Milch einen Fettgehalt von zwölf Prozent erreicht.

Der Yak steigt nicht tiefer herab als bis 3000 Meter über dem Meeresspiegel. In solchen Höhen wächst das Gras in seltenen Büscheln zwischen Steinen, im Winter ist es noch dazu von dichtem Schnee bedeckt. Ich war selbst häufig im Gebirge und habe dies mit eigenen Augen gesehen. Die Yaks müssen sich ihre bescheidene Nahrung regelrecht ergraben. Von Kalorienhaltigkeit kann hier keine Rede sein. Gleichzeitig versucht man uns zu überzeugen, dass nur die Kalorien der Nahrungsmittel den Energieverbrauch des Organismus wettmachen.

Dieses Beispiel zeugt davon, dass für jeden Organismus nur jene Nahrung erforderlich und nützlich ist, welche ihm von der Natur vorgeschrieben ist. Können Sie sich vorstellen, was passieren würde, wenn wir den Yak mit Fleisch oder Speck füttern? Wenn er daran nicht zugrunde ginge, dann würde er doch aufhören, er selbst zu sein, da die chemischen Zellen seines Organismus sich allmählich verändern würden.

Auch der Mensch ist keine Ausnahme. Obwohl er im Kampf ums Dasein begann, Tierfleisch zu essen, wurde dieses für ihn nicht zur artgerechten Nahrung. Sie fragen, warum? Schauen Sie in den Spiegel: Haben Sie scharfe Krallen und Klauen wie die Raubtiere, die sich ausschließlich von Fleisch ernähren? Mehr noch, als Ärztin kann ich Ihnen sagen, dass Sie auch keinen runden Magen haben, und dass Ihr Darm viel länger ist als bei den Raubtieren. Wie viele Jahrhunderte wir uns auch von Fleisch ernähren, wir werden doch immer wieder mit denselben anatomisch-physiologischen Besonderheiten geboren wie am Beginn unserer evolutionären Entwicklung. In unserem Organismus ändern sich nur der Aufbau und die Funktionen des Gehirns. Am Ende des 20. Jahrhunderts haben wir bedeutend mehr Verstandespotenzial als unsere prähistorischen Vorfahren.

Warum isst der Mensch also weiter Fleisch? Es gibt dafür einige Gründe. Der erste und wichtigste liegt in seiner Psychologie. Es ist eine jahrhundertealte Gewohnheit, die von Generation zu Generation weitergegeben wird. Dabei muss man dies gar nicht künstlich kultivieren. Es genügt, dass man von klein auf so zu essen beginnt »wie alle«. Ein großer Teil der Schuld liegt auch bei den Vertretern der Kalorientheorie, die mit allen ihnen verfügbaren Mitteln die falsche These predigen, dass die Nahrung umso wertvoller ist, je mehr Kalorien in einer bestimmten Nahrungsmenge enthalten sind, was in erster Linie für das Fleisch gilt.

Es gibt noch einen anderen Grund dafür, dass sich die Menschheit an ihre Irrtümer klammert: Das ist der unglaublich niedrige Stand des Wissens über den eigenen Organismus, über seine Fähigkeit zur Selbstregulierung und Selbstregeneration. Das gilt für Laien wie für Experten aus der ärztlichen Zunft gleichermaßen.

Selbst wenn unsere Unbedarftheit sich nur auf das Gebiet der Ernährung erstreckte, würde das schon ausreichen, um die Gesundheit des Menschen zu destabilisieren. Das Unglück besteht darin, dass wir auch über andere Aspekte des Organismus nur wenig Bescheid wissen. Beantworten Sie mir bitte folgende Frage: Gibt es auf der Welt eine Maschine oder ein System, die oder das in der Lage ist, im gleichgewichtigen Zustand zu arbeiten? Zum Beispiel einen Verbrennungsmotor, der ohne Kühlsystem auskommt? Jeder Autofahrer wird Ihnen sagen, dass so etwas nicht möglich ist, der Motor wird einfach seinen Geist aufgeben. Und der menschliche Organismus ist auch so eine Maschine. Aber eben eine vollkommene biologische Maschine mit einem automatisierten Steuerungssystem, das den objektiven Gesetzen der Umwelt unterworfen ist. Die Maschine funktioniert unter anderem auf Grund der Temperaturunterschiede, die in unserem Organismus herrschen. Bei einem normalen gesunden Menschen beträgt die Hauttemperatur 24 Grad Celsius, die Innentemperatur des Körpers liegt bei 36,7 Grad Celsius. Die Störung dieser Temperaturdifferenz führt zur Erkrankung, wenn der Körper nicht abgehärtet ist. Die Abhärtung hat die Aufgabe, unserem Organismus dabei zu helfen, auch starke Veränderungen in dem natürlichen Temperaturgefälle zu kompensieren.

Zu all dem kommt hinzu, dass wir nicht einmal gelernt haben, uns zu bewegen. Richtig zu bewegen. Heute ist es modern, für alles den Bewegungsmangel verantwortlich zu machen. Zahlreiche Krankheiten und Normabweichungen werden mit Bewegungsmangel und Mangel an körperlichen Belastungen in Zusammenhang gebracht. Aber sagen Sie mir, bewegen sich denn Sportler wenig? Sie beschäftigen sich doch ausschließlich damit, und dennoch sind sie krank. Sind Soldaten etwa nicht krank? Und die Bauern, die tagtäglich in Bewegung sind, noch dazu in der frischen Luft? Sind sie etwa nicht krank? Sie sind nicht weniger krank als alle anderen. Das heißt, es geht nicht nur um die Bewegung an sich, sondern um die richtige Bewegung. Vielleicht finden Sie es zum Lachen, dass jetzt die Schatalova dem Traktorfahrer in seiner Kabine Tipps gibt, wie er sich richtig bewegen soll. Das mag auf den ersten Blick wirklich lächerlich klingen. Aber nur für jene, die keine Ahnung von den Möglichkeiten, geschweige denn von den Bedürfnissen unseres Organismus haben.

In der Bewegung geht es in der Hauptsache darum, die Muskeln zu entlasten, sich ihnen anzuvertrauen, ihnen die Möglichkeit zu geben, sich in einem natürlichen Rhythmus frei anzuspannen und zu entspannen. Dann werden nur jene Muskeln arbeiten, welche in dem Augenblick bei einer bestimmten Bewegungsart unbedingt nötig sind. Aber das will gelernt sein. Das System der natürlichen Gesundung beinhaltet Übungen, deren Ziel es ist, die Menschen die Kunst der Bewegung im Zustand der Entspannung zu lehren.

In diesem Kapitel habe ich versucht, Ihre Aufmerksamkeit auf den künstlichen Charakter unserer Zivilisation zu lenken, auf ihre Losgetrenntheit von der Natur. Ich wollte die ganze Unvollkommenheit unserer Vorstellungen über unseren Organismus aufzeigen. Denn die ist der Grund für alles derzeitige und drohende Unheil der Menschheit.

Heute befinden wir uns in einer kritischen Phase unserer Entwicklung: Die Menschheit muss in sich die Kraft finden, die Entwicklung der von ihr geschaffenen Zivilisation in einer Richtung zu verändern, die den Menschen wieder der Natur annähert, und die Wissenschaft muss sich auf die Erkundung der Gesetze besinnen, die die Lebensfähigkeit des Systems Natur/Mensch sichern. Sonst ist die Menschheit zum Untergang verurteilt. Es gibt keinen anderen Weg. Mit ähnlichen Warnungen treten heute die besten Köpfe der Menschheit auf. Hören wir auf ihre Stimme und beginnen wir mit uns selbst, mit dem Umbau unserer Art zu denken und unserer Gewohnheiten. Sagen wir uns und allen: »Wohl dir, Mensch! In deinen Händen liegt dein eigenes Leben, das Leben deiner Kinder, Enkel, Urenkel und all derer, die nach dir kommen. Lerne, vernünftig damit umzugehen.

2

Der richtige Weg

Ein Haus auf Sand

In meinen bisherigen Ausführungen habe ich den Ernährungsproblemen viel Raum gegeben. Warum? Vor allem, weil die Zusammensetzung der Nahrung in bedeutendem Maß die chemische Zusammensetzung der Zellen des Organismus prägt. Und das beeinflusst wiederum unmittelbar alle anderen Prozesse, z.B. den Gasaustausch, den Wärmehaushalt und das Denken.

Ein weiterer Grund liegt darin, dass kein anderer menschlicher Tätigkeitsbereich mit derart vielen pseudowissenschaftlichen, an Aberglauben grenzenden Vorstellungen verknüpft ist wie die Ernährung. Das liegt nicht zuletzt daran, dass bisher auf der Erde keine ganzheitliche, praktikable Wissenschaft von der Ernährung existiert.

Heute dominiert eine Theorie der ausgewogenen Ernährung, deren Ausgangsbasis die statistischen Mittelwerte einer gewöhnlichen Nahrungsration eines Deutschen in der zweiten Hälfte des 19. Jahrhunderts ist. Wenn nun der Mensch tagtäglich für seine Arbeit und für das Funktionieren seines Organismus Energie verbraucht, muss dieser Aufwand an Energie kompensiert werden. Die »Kaloretiker« sagen, dies geschehe ausschließlich durch die

Energie, die bei der Verbrennung der Nährstoffe frei wird. Die Kalorientheorie lässt in den Fragen der Ernährung für keinerlei Pluralismus Raum. Die Logik ihrer Überlegungen ist auf soldatische Weise geradlinig, eine Tagesration der Ernährung des Menschen soll nach ihren Berechnungen im Schnitt 2500 bis 3000 Kilokalorien betragen, woran es nichts zu rütteln gibt. Ich bin überzeugt, dass es da was zu rütteln gibt.

Im ersten Kapitel habe ich einige Zahlen genannt, und ich wiederhole sie. Die Mediziner empfehlen einen täglichen durchschnittlichen Konsum von 80 bis 100 Gramm Eiweiß, 80 bis 100 Gramm Fett und 400 bis 500 Gramm Kohlenhydraten. Wenn jemand sich entschlösse, vollständig auf pflanzliche Nahrung umzusteigen, und sich weiter von diesen Kalorienvorgaben leiten ließe, müsste er täglich etwa 10 bis 20 Kilogramm Gemüse, Obst und Kräuter essen. Wenn man davon ausgeht, dass unser Magen etwa 300 bis 400 Gramm Nahrung fasst, müsste ein Vegetarier den ganzen Tag pausenlos kauen, um diese Kalorienmenge zu sich zu nehmen.

Dabei zeigt die Erfahrung von Millionen Menschen, die auf den Konsum von tierischem Eiweiß – d.h. auf Fleisch und Fisch, Eier und Milch verzichten, dass nichts dergleichen geschieht. Vegetarier essen um nichts mehr als die »normalen« Menschen, die sich ein Leben ohne Fleisch nicht vorstellen können. Das bedeutet nur eins: Ein Mensch, der ausschließlich pflanzliche Nahrung zu sich nimmt, konsumiert bedeutend weniger Kilokalorien als die in der Kalorientheorie empfohlene Menge, was ein Beleg für die Schwäche dieser Theorie ist.

Was denkt der Magen?

Diese Überschrift ist kein Scherz zu Ihrer Erheiterung. Unsere Psyche und unsere Verdauungsorgane sind derart eng miteinander verbunden, dass es manchmal schwer zu begreifen ist, wer auf diesem Tandem der Chef ist, wer die Geschmäcker, die Gewohnheiten und schließlich den Lebensrhythmus bestimmt. Ist nicht für viele Menschen das Gefühl der Sattheit, das unsere Psyche einlullt, Inhalt und Sinn des Lebens geworden?

Aber auch wenn man diese Einseitigkeit außer Acht lässt, kann man die Wirkung des Verdauungssystems auf unsere Psyche nicht verleugnen. Wer hat sich noch nicht dabei ertappt, dass das Hungergefühl ihn fahrig und zerstreut macht, das Gefühl der Sattheit aber großmütig?

Eine unermesslich größere Bedeutung hat jedoch der umgekehrte Prozess: der Einfluss der Psyche auf die Verdauungsorgane. Und zwar auf der bewussten wie auf der unbewussten Ebene.

Die bewusste Ebene drückt sich in der Auswahl der Lebensmittel aus, welche von vielen Faktoren abhängt: unseren Geschmäckern, Gewohnheiten, Traditionen, unserem Wissensstand und nicht zuletzt dem Geldbeutel. Außerdem machen verschiedene Vorurteile, Dogmen, Stereotypen und Neigungen ihren Einfluss geltend.

Die Einwirkung des Unterbewusstseins auf die Arbeit des Magen-Darm-Trakts äußert sich nicht so deutlich und wird erst dann offenbar, wenn im Organismus Abweichungen von der Norm auftreten. Solange alle Organe und Systeme streng nach dem genetischen Programm des Menschen funktionieren, solange der Mensch selbst ein vorbildlicher Bürger des »Rechtsstaats« der Natur ist und die in ihr herrschenden Gesetze respektiert, meldet unser Organismus keine Katastrophen. Aber kaum überschreitet man sie, gerät die perfekt regulierte Automatik des Unterbewusstseins Stück für Stück aus dem Lot, und wir verwandeln uns in ächzende und stöhnende Patienten.

Können wir die geheimnisvolle Arbeit des Unterbewusstseins fühlbar und sichtbar machen? Das ist möglich, und zwar mithilfe eines Experiments, das der große Iwan Pawlow durchgeführt hat. Ich demonstriere es manchmal bei meinen Vorträgen. Ich frage das Publikum, was passiert, wenn ein Mensch einen Löffel mit reinem Flusssand einnimmt. Bildet sich Speichel oder nicht? Es kommen die unterschiedlichsten Antworten, aber die Mehrheit weiß es in der Regel nicht. Somit kann das Bewusstsein auf die Ergebnisse des Versuchs keine Auswirkung haben, und das Unterbewusstsein ist am Zug. Und dies spricht eine laute und deutliche Sprache: Der Mund sondert Speichel ab. Aber was für einen Speichel? Reines Wasser – ohne Beimischung jeglicher Enzyme. Dann geben wir derselben Person einen Löffel mit geriebenem Zwieback, der sich äußerlich in nichts von dem Sand unterscheidet. Diesmal wird ein dicker Speichel abgesondert, der Ptyalin enthält, ein Enzym, das Stärke in Zucker verwandelt.

Versuchen wir, das Unterbewusstsein in die Enge zu treiben und verkomplizieren wir das Experiment. Geben wir der Versuchsperson dieselben Zwiebackbrösel, aber leicht gesüßt. Es sondert sich ein flüssiger Speichel ab, der arm an Ptyalin ist. Der süße Geschmack der Zwiebackbrösel diente dem Unterbewusstsein als Signal, dass die darin vorhandene Stärke schon in Zucker umgewandelt wurde und das Enzym nicht mehr gebraucht wird. »Aber in Wirklichkeit ist es nicht so«, wird der enttäuschte Leser sagen. »Heißt das, dass man das Unterbewusstsein betrügen kann?« Natürlich kann man das, und wir machen das mit Erfolg mehrmals täglich. Die Natur ändert ihre Gesetze nicht in Abhängigkeit von der Ehrlichkeit oder Unehrlichkeit der Menschen und passt sie nicht unseren Flausen und Narrheiten an. Sie überlässt es uns, ob wir ihre Vorschriften einhalten oder den kollektiven Selbstmord vorziehen. Vorläufig tendiert die Entwicklung in letztere Richtung.

Die Beispiele zeigen: Die Menschen brauchen heute vor allem Wissen. Nach Maßgabe meiner Kräfte versuche ich, es ihnen zu geben, und beginne damit, Sie mit der Arbeit der Verdauungsorgane bekannt zu machen.

Viele kennen wahrscheinlich den Terminus »Erkrankung des Magen-Darm-Trakts« und verbinden damit, dass der Verdauungsprozess vor allem im Magen stattfindet. In Wahrheit sieht das ein bisschen anders aus. Die Verarbeitung der Nahrung beginnt im Mund. Von hier aus gelangt sie durch die Speiseröhre in den Magen, aus dem Magen in den Zwölffingerdarm, in welchen die Gänge der Leber und der Gallenblase münden, aus dem Zwölffingerdarm in den Dünndarm, dann in den Dickdarm und zuletzt in den Mastdarm. Jede dieser Abteilungen des Verdauungstrakts hat ihr eigenes Milieu. Der Mund ist basisch, der Magen sauer, der Zwölffingerdarm wieder basisch etc. Von Abteilung zu Abteilung ändert sich der Säure- bzw. Basenspiegel. Da es im Bewusstsein des Durchschnittsbürgers lediglich einen übersäuerten oder untersäuerten Magen gibt, was unangenehme Empfindungen und durchaus reale Befürchtungen auslöst, denkt er auch nicht darüber nach, was geschieht, wenn die Nahrung den Magen verlassen hat und in den Darm gelangt. Dort passieren aber äußerst interessante Dinge. Beginnen wir mit der Frage, auf welche Weise die sauer oder basisch dominierten Abteilungen des Verdauungstrakts in ihren Zustand gelangen. Die Antwort auf diese Frage birgt die Enträtselung einer Vielzahl von Krankheiten.

Es ist nämlich so, dass ein durchgängiger Darmkorridor, wie ihn sich viele vorstellen, nicht existiert. Ich würde den Magen-Darm-Trakt mit den Kammern eines U-Boots vergleichen, die durch wasserundurchlässige Barrieren mit Ventiltüren voneinander getrennt sind. Diese Ventiltüren im menschlichen Verdauungstrakt verhindern, dass saure und basische Bereiche miteinander in Berührung kommen. Eine der wichtigsten Ventiltüren ist jene, die den Magen vom Zwölffingerdarm trennt. Denn in diesen Bereichen sind saures und basisches Milieu am stärksten ausgeprägt. In der Übersetzung aus dem Lateinischen heißt diese Ventiltür der »Pförtner«. Wenn ein Mensch mit Magen- oder Zwölffingerdarmbeschwerden zu mir kommt, überprüfe ich als Erstes, ob der »Pförtner« nicht »die Tür offen gelassen hat«. Denn die eingesäuerte, in Verdauung befindliche Masse gerät dann dahin, wo sie überhaupt nicht hingehört: in den Zwölffingerdarm. Dort löst sie die Erkrankung des Zwölffingerdarms aus, des Weiteren können die Leber, die Bauchspeicheldrüse und der Dünndarm erkranken. Umgekehrt kann Gallenflüssigkeit in den Magen spritzen und von seinen Wänden die schützende Schleimhaut wegätzen. Dann ist es für die Säure eine Kleinigkeit, diese Stelle zu zerfressen und ein Geschwür hervorzurufen. Analoge Erscheinungen gibt es im Dünn- und Dickdarm sowie im Mastdarm, wenn die Ventiltüren zwischen ihnen »beschädigt« sind.

Was kann die Ursache für eine Erkrankung dieser Türen sein? Vor allem eine falsche, nicht der menschlichen Gattung entsprechende Ernährung. Damit meine ich den Konsum von tierischem Eiweiß, vor allem in Vermischung mit Nahrung pflanzlicher Herkunft. Das treibt unser Unterbewusstsein, wie im Fall mit dem gesüßten Zwieback, in die Enge. Fleisch braucht bis zu acht Stunden, bis es verdaut ist, Gemüse etwa vier Stunden und Obst eine Stunde. Wenn nun für jede Art Lebensmittel ein Verdauungsprogramm im Magen-Darm-Trakt existiert, was kommt dann heraus, wenn Sie zum Beispiel ein Stück Ente oder Gans essen, das mit Äpfeln, Kartoffeln und Trockenpflaumen geschmort wurde? Kein einziger Computer, nicht einmal ein superkluger, wie es unser Unterbewusstsein ist, kann die Verdauungsorgane gleichzeitig auf drei Programme einstellen. Er wählt eines aus, und zwar das heftigste. Dies zeichnet sich durch äußerste Konzentration der Säuren-Basen-Milieus aus und durch erhöhte Belastungen der Magen- und Darmwände. Da die gemischte Kost in unserer Ernährung den ersten Platz einnimmt, arbeiten unsere Verdauungsorgane ständig unter erhöhter Belastung und verkürzen so ihre Funktionsdauer.

Muss man sich darüber wundern, dass früher oder später der Zeitpunkt kommt, wo auch der Pförtner und die anderen Ventilklappen ihre Aufgaben nur mehr nachlässig wahrnehmen? Wenn man mich deshalb fragt, was zu tun ist, sage ich ganz klar: Verbannen Sie tierisches

Eiweiß vollständig von Ihrem Speisezettel. Vollständig und für immer. Vorausgesetzt natürlich, dass Sie gesund sein wollen. Zulässig sind seltene Ausnahmen an Feiertagen.

Fleisch ist kein artgerechtes Lebensmittel für den Menschen, wie etwa für ein Raubtier, das über Krallen und Klauen sowie über Schnelligkeit verfügt, um sein Opfer zu jagen und zu töten. Der Aufbau des menschlichen Organismus hat sich seit den prähistorischen Zeiten, als er auf der Suche nach pflanzlicher Nahrung durch die jungfräulichen Wälder wandelte, nur wenig verändert. Im Prozess der Evolution entwickelten sich in erster Linie sein Gehirn, sein Bewusstsein und sein Denken, und das wurde zum entscheidenden Faktor beim Überleben der Menschheit. Erst heute beginnen wir, das zu verstehen. Ich bin Wissenschaftlerin, und ich bin es gewöhnt, mehr auf Fakten zu vertrauen als selbst auf die respektabelsten Meinungen, wenn diese sich nicht auf Erfahrung und lebendige Praxis stützen können. Deshalb führe ich hier ein einziges Beispiel an, welches dem Leser helfen soll, sich im Nebel der Theorie der ausgewogenen Ernährung zurechtzufinden.

Weiter oben habe ich den Aufbau der menschlichen Verdauungstrakte schematisch beschrieben und dabei u.a. auf den Dickdarm hingewiesen. Lange Zeit konnten die Gelehrten nicht verstehen, welche Rolle er in unserem Organismus spielt. Erst die modernen Untersuchungen von Alexander M. Ugolev* haben geholfen, nicht nur den Dickdarm zu rehabilitieren, sondern auch seine unmerkliche Arbeit wertzuschätzen. Mehr noch, gerade dem

* Alexander Michailowitsch Ugolev, russischer Ernährungswissenschaftler, 1926–1991, Mitglied der Akademie der Wissenschaften

Dickdarm fällt die Rolle zu, der Theorie der ausgewogenen Ernährung den K.O.-Schlag zu versetzen, welche der verstiegene menschliche Verstand einzig und allein dafür konstruiert hat, seine Fresslust vor sich selbst zu beschönigen.

Die Anhänger der Theorie der ausgewogenen Ernährung haben behauptet und behaupten weiterhin, dass es Aminosäuren gibt, welche im menschlichen Organismus nicht erzeugt werden, ohne die er aber nicht existieren kann: die essenziellen Aminosäuren. Es wurde sogar der Nachweis versucht, das diese Aminosäuren ausschließlich im tierischen Eiweiß vorkommen, d.h. im Fleisch, weshalb der Mensch geradezu verpflichtet sei, dieses zu verzehren, wenn er nicht sterben will. Alexander Ugolev und seine Mitarbeiter haben in einer Reihe von Experimenten herausgefunden, dass das Organ, welches diese essenziellen Aminosäuren erzeugt, in unserem Organismus vorhanden ist – nämlich der Dickdarm. Genauer gesagt handelt es sich nicht um den Dickdarm selbst, sondern um die Mikroorganismen, die in ihm Quartier nehmen. Sie verwandeln unter Verwendung der mit der pflanzlichen Nahrung in den Dickdarm gelangenden Nährstoffe diese in die für uns lebensnotwendigen, also essenziellen Aminosäuren und Vitamine. Ich habe sie nicht zufällig Quartiernehmer genannt. Die Koexistenz unseres Organismus und der Mikroflora des Dickdarms ist ein klassisches Beispiel für eine in der Natur weit verbreitete Erscheinung: die Symbiose.

Die Arbeiten Ugolevs und seiner Mitarbeiter erlauben es, die historische Gerechtigkeit wiederherzustellen und gleichzeitig die Frage zu klären, warum der Teil der Menschheit nicht ausstirbt, der auf den Konsum von

Fleisch und Fisch verzichtet. Das ist genau die »Gretchenfrage«, welche die Verteidiger der ausgewogenen Ernährung immer gescheut haben wie der Teufel das Weihwasser.

Es ist nicht verwunderlich, dass die Rolle des Dickdarms so unterschätzt wird. Wenn der Organismus die essenziellen Aminosäuren mit dem tierischen Eiweiß erhält und niemand die Funktionen des Dickdarms kennt, dann ist es völlig natürlich anzunehmen, dass er nicht besonders wichtig ist. Aber die Antwort auf die Frage, warum Millionen Vegetarier ohne Fleisch leben und sich hervorragend fühlen, ist jetzt meines Erachtens klar.

Aber immer noch gibt es viel zu viele Menschen, die sich ein Leben ohne Fleisch nicht vorstellen können. Überlegen Sie selbst: Kann man ungestraft ein ganzes Organ abschalten, welches von der Natur in das System unseres Organismus eingebaut wurde? Weder für das Organ noch für Sie bleibt das folgenlos. Ihr Dickdarm kann praktisch nur einen minimalen Teil seiner eigentlichen Aufgaben erledigen. Wenn Sie in der Nahrung fremdartige Eiweiße und künstlich konzentrierte Substanzen verwenden, unterdrücken Sie die Mikroflora des Dickdarms und behindern somit die Fähigkeit Ihres Organismus zur Selbstregulierung.

Ich verstehe, dass das Gefühl der Sattheit, das in unserem Bewusstsein in erster Linie mit dem Konsum von Fleisch in Zusammenhang gebracht wird, den Menschen stärker als jedes Seil an die gewohnte Lebensweise und Ernährung fesselt. Viele haben Angst, dass sie, wenn sie auf die gewohnte Ration verzichten, ständig ein Hungergefühl haben werden.

Um diese Menschen zu beruhigen, möchte ich einige

Details über den Dickdarm erzählen. Nehmen Sie das Biologiebuch aus der Schule, suchen Sie den Abschnitt, der den Verdauungsorganen gewidmet ist, und schauen Sie, wie der Dickdarm aussieht, wie er in der Bauchhöhle liegt. Erinnert er nicht an ein gewöhnliches Detail in Ihrer Wohnung? Ganz richtig, er sieht aus wie ein langer runder Heizkörper. Und er liegt so, dass er in der Lage ist, alle in seiner Umgebung liegenden inneren Organe zu erwärmen. Wenn Sie in Ihrer Nahrung tierisches Eiweiß verwenden, dann gehen Sie davon aus, dass Ihr Heizkörper abgeschaltet ist.

Fragen Sie Menschen, die sich nach dem Prinzip der natürlichen Gesundung ernähren, und sie werden Ihnen erzählen, dass man nur die schmackhafte artgerechte Ernährung genießen muss, damit die Mikroorganismen, die den Dickdarm bewohnen, auf das erhaltene Signal mit einem mächtigen Ausstoß von Wärme reagieren. In kurzer Zeit werden nicht weniger als 500 Kilokalorien freigesetzt, wobei der Eindruck entsteht, dass man Ihnen eine Wärmflasche auf den Bauch gelegt hat. Und ich möchte unterstreichen, dass diese Wirkung eintritt, noch bevor die Nahrung in den Dickdarm gelangt. Wenn sie dort eintrifft, durchdringt Sie die Wärme gleichsam von innen, und Sie empfinden eine leichte, das Herz nicht belastende und keine Atembeschwerden hervorrufende Sattheit, welche Sie bis zur nächsten Nahrungsaufnahme begleitet und eine ausgeglichene, muntere Stimmung erzeugt.

Aber ich wiederhole: Solche Empfindungen kennt nur, wer konsequent die Anforderungen der artgerechten Ernährung befolgt. Die Zellen jener Menschen haben nämlich die ureigene menschliche Zusammensetzung (pH-Wert 7,4), und in ihrem Dickdarm herrscht die für den Menschen typische Mikroflora. Um in diesen Zustand zu kommen, braucht man mindestens zwei bis drei Monate, wobei man in der ersten Zeit auch Irritationen in Kauf nehmen muss. Um diese zu überwinden, quälen Sie sich nicht mit Hungern, sondern essen Sie so oft, wie es Ihr Organismus verlangt. Allmählich können Sie in den natürlichen Zustand der wirklichen Gesundheit übergehen, und unbemerkt für Sie selbst gehen Sie zur täglichen einmaligen oder zweimaligen Nahrungsaufnahme über.

Das Wasser des Lebens

Als aufmerksamer Leser haben Sie vermutlich bemerkt, dass ich entgegen den Gesetzen der schönen Wortkunst von Kapitel zu Kapitel einige Dinge wiederhole. Diese Aussagen sind Schlüsselmomente für das Verständnis des Systems der natürlichen Gesundung. Zu den wichtigsten Dingen gehört für mich die Vorstellung vom menschlichen Organismus als einem offenen System, das der unmittelbaren und ständigen Einwirkung des uns umgebenden Kosmos ausgesetzt ist. Vermutlich ist das nirgends so deutlich und sichtbar wie bei der Bewertung der Rolle des Wassers für den menschlichen Organismus. Diese Rolle lässt sich äußerst knapp formulieren: Kein Leben ohne Wasser. Unser Körper besteht zu 70 Prozent aus Wasser, und zwar aus freiem Wasser, das nicht an die Struktur der Körpersubstanz gebunden ist. Wasser ist auch Bestandteil unserer Nahrung, und es übt einen bestimmenden Einfluss auf das Klima des Planeten aus oder anders ausgedrückt: Es formt die Bedingungen unserer Lebensumwelt.

Man sollte meinen, dass es keine bekanntere und gewohntere Sache gibt als das aus dem Hahn strömende Wasser. Weit gefehlt. In Wahrheit gibt es keine rätselhaftere und geheimnisvollere Substanz als dieses Element.

Beginnen wir damit, dass gewöhnliches Wasser nicht existiert. Das Wasser in der Natur hat keine konstante Isotopenzusammensetzung, diese ändert sich ständig. Es gibt allein neun stabile Wasserarten. Wenn man alle bekannten Isotopen des Wasserstoffs und des Sauerstoffs hinzunimmt, kommt man auf 135 Wasserarten. So viel zu den »Daten« des Wassers.

Wenn wir uns nun das »Intimleben« des Wassers ansehen, wird es erst richtig interessant. Es ist nämlich so, dass keine einzige Substanz auf der Erde so sensibel auf die kosmischen Erscheinungen reagiert. Die Chemiker haben zum Beispiel bemerkt, dass der Verlauf einer identischen chemischen Versuchsanordnung vom Zeitpunkt ihrer Durchführung abhängt. Heute verläuft sie anders als gestern, und morgen ist sie überhaupt nicht so wie heute. Es wurde auch festgestellt, dass die Ereignisse, die auf der Sonne vor sich gehen, sich in bestimmter Weise im Wasser spiegeln. Die Reaktionen im Wasser folgen dem Rhythmus der Sonnenaktivität.

Das alles kann uns natürlich nicht gleichgültig sein, zumal alle chemischen Reaktionen in den Zellen unseres Organismus in einem wässerigen Medium vor sich gehen. Wenn man all diese Fakten bedenkt, erinnert man sich unwillkürlich an die gedemütigte, eben erst ein neues Leben beginnende alte Wissenschaft der Astrologie. Wenn man ihren mystischen Nimbus außer Acht lässt, so liegt ihr ein durchaus gesunder Gedanke über die Verbindung zwischen Mensch und Kosmos zu Grunde. Diese Verbindung ist durchaus materieller Natur und wird von der modernen Wissenschaft bestätigt, obwohl ihr Charakter und Mechanismus vorläufig noch unerklärlich sind.

Von allen gewöhnlichen Eigenschaften des Wassers interessieren mich als Ärztin und Verfechterin des Systems der natürlichen Gesundung vor allem drei. Die erste hängt mit den schweren Wasserarten zusammen, in denen die Atome des Wasserstoffs von einem oder zwei Atomen seiner schwereren Isotopen ersetzt werden – von Deuterium (HDO, D_2O) und Tritium (HTO, T_2O). Die chemischen Eigenschaften des gewöhnlichen und des schweren Wassers sind fast identisch, aber vom Standpunkt des Biologen wirkt das schwere Wasser niederschmetternd auf die Lebenstätigkeit der Organismen.

Die zweite für mich interessante Eigenschaft des Wassers ist die Veränderung seiner Struktur unter Einwirkung physikalischer Faktoren. Im strukturierten Wasser beschleunigen sich bestimmte Prozesse: die Kristallisation, die Lösung von Stoffen und die Absorption. Das sind genau jene Prozesse, welche in der lebenden Zelle stattfinden.

Beide Eigenschaften sind entscheidend bei der Herstellung der Gesundheit. Deshalb hat die Umwandlung des Wassers in meiner Methode sehr große Bedeutung.

Worin besteht der Sinn der Umformung des Wassers? Zum einen kann man dadurch die Wasserarten, die aus schweren Isotopen gebildet werden, beseitigen; zum anderen kann man die Struktur verändern. Es gibt heute eine Reihe von Verfahren zur Umformung des Wassers, und ich möchte hier nicht im Einzelnen darauf eingehen. Ich will nur auf eine aus alten Zeiten überlieferte Methode verweisen, wie Sie natürlich strukturiertes Wasser erhalten können. Dazu schlägt man am 19. Januar ein Loch in das Eis eines Flusses oder Sees und entnimmt aus einer Schicht bis zu einem halben Meter unter dem Eis Wasser. Das ist natürliches strukturiertes Wasser, das äußerst gesund für den Menschen und unbegrenzt haltbar ist. Es ist übrigens ein uralter Brauch, an diesem einzigen Tag im Jahr, dem 19. Januar, in einem Eisloch zu baden. Allerdings ist diese Methode heutzutage mit Vorsicht anzuwenden, weil es kaum mehr saubere, nicht von Industrie- und Landwirtschaftsabwässern vergiftete Flüsse und Seen gibt.

Der Wasserkonsum ist ein Hauptbestandteil des Systems der natürlichen Gesundung. Meinen Patienten verbiete ich kategorisch, Leitungswasser zu trinken. Nicht nur, dass es giftiges Chlor enthält, auch seine feine chemische Zusammensetzung, sein Salzgehalt und seine Struktur werden bei der Verarbeitung im Wasserwerk überhaupt nicht berücksichtigt. Die Aufmerksamkeit richtet sich nur auf die Reinigung von groben mechanischen Fremdstoffen sowie auf die Entkeimung. Und das ist meiner Meinung nach völlig unzureichend und falsch. Deshalb verwendet man am besten destilliertes oder Quellwasser, sofern die Quelle sauber ist. Dabei sollten Sie ohnehin möglichst wenig Wasser zu sich nehmen. Die von mir durchgeführten Versuche zeigen, dass ein gesunder Mensch, der sich streng an die Empfehlungen der artgerechten Ernährung hält, sogar unter extremen Wüstenbedingungen mit einer minimalen Wassermenge auskommen kann.

Es gibt übrigens eine ganz einfache Methode, um einen Prototypen strukturierten Wassers zu bekommen: Legen Sie einen Edelstein, zum Beispiel Jaspis oder Bergkristall, in einen Glasbehälter, gießen Sie Wasser darüber und verschließen Sie das Glas. Dieses Wasser kann man trinken und für die Zubereitung von Speisen verwenden.

Im ersten Kapitel habe ich von unserer Durchquerung der Wüste Karakum von Bacharden bis zum Kurtamyschsker Nationalpark erzählt. Hier möchte ich von der Durchquerung der Sandwüste des Kysylkum von Aralsk nach Karateren berichten. Die Hauptaufgabe dieser Expedition war es, im Auftrag der Geographischen Gesellschaft der UdSSR zu überprüfen, ob man unter Wüstenbedingungen den Wasserbedarf des menschlichen Organismus senken kann. Für mich selbst habe ich das Problem etwas weiter gefasst: Wie groß ist überhaupt der Wasserbedarf eines wirklich gesunden Menschen bei einer rationellen, d.h. artgerechten Ernährung? Als ich mich mit der Optimierung des Wasserverbrauchs beschäftigte, habe ich weitgehend meine früheren Beobachtungen an den örtlichen Bewohnern benutzt, als diese noch nicht durch eine Vielzahl von Brunnen verwöhnt waren. Schon damals verwunderte mich, dass sie auf ihren kilometerlangen Märschen durch die Wüste lediglich zwei kleine Flaschen Wasser bei sich trugen.

Wir brachen auf, und in der Tiefe der Wüste, als die Hitze an ihrem höchsten Punkt schien, entschloss ich mich, einen kleinen Selbstversuch zu unternehmen: Ich nahm einen kleinen Schluck lauwarmen Wassers aus der Flasche. Was ich dann ertragen musste, ist schwer in Worte zu fassen. Mich überkam ein wahnsinniger Durst.

Zeitweise dachte ich, verrückt zu werden. Ich hatte das Gefühl, dass ich mir auch einen ganzen Kübel Wasser hineinschütten könnte, wenn ich die Möglichkeit hätte, oder gar zwei oder drei. Aber kaum hatte ich am Rastplatz eine Tasse heißen Tees getrunken, war alles wie weggewischt. Der Grund liegt meines Wissens in der Struktur des Wassers bei unterschiedlichen Temperaturen. Als Konsequenz trank ich auf meinen folgenden Wüstenmärschen – und es waren insgesamt vier – zusammen mit meinen Begleitern nur strukturiertes Wasser und hatte keinerlei unangenehme Empfindungen. Und wenn der Durst allzu groß wurde, nahm ich einen Stein in den Mund, um die Absonderung von Speichel zu stimulieren, d.h. einer Flüssigkeit, die vermutlich strukturiert ist.

Die von mir durchgeführten Untersuchungen erlaubten mir folgenden Schluss: Wenn der Organismus sich artgerecht ernährt, kann er mit einem bis zwei Litern Wasser pro Tag wunderbar auskommen, selbst wenn er nicht an die Hitze gewöhnt ist. Dann braucht er keine 10 bis 16 Liter wie jene Menschen, die auf ihren Wüstenmärschen nach den Regeln der ausgewogenen Ernährung leben.

Das sind nur einige Gedanken und Beobachtungen, die eine ernsthafte wissenschaftliche Überprüfung erfordern. Viel zu viel hängt in unserem Leben mit dem Wasser zusammen, mit diesem bekannten Unbekannten.

In meiner täglichen Arbeit verwende ich verschiedene Methoden, um die Wassergüte zu verbessern, insbesondere verwende ich Absorptionsmittel. Das beste von ihnen dürfte wohl Graphit sein. Die Experten sind aufgefordert, hier ihre Meinung zu sagen.

Eiweißmangel oder Mangel an Wissen?

Ich schlage Ihnen vor, eine kleine Rechenaufgabe zu lösen. Es ist bekannt, dass im menschlichen Organismus tagtäglich 300 Gramm Eiweiß zerfallen. Aus den von mir durchgeführten Experimenten weiß ich außerdem, dass die Teilnehmer von Fußmärschen durch die Wüste, Supermarathon-Läufer und Bergsteiger nicht mehr als 20 Gramm Eiweiß pro Tag erhielten und dennoch schwere und anhaltende physische Belastungen ertragen konnten. Außerdem kennen wir den Standpunkt der Anhänger der Theorie der ausgewogenen Ernährung, welche der Meinung sind, dass der Nährstoffbedarf des Menschen ausschließlich durch die Nahrungsaufnahme gedeckt wird. Es stellt sich die Frage: Aus welchen Quellen wird das Defizit an Eiweiß ausgeglichen? Dabei muss man berücksichtigen, dass es nicht um irgendwelche sekundären Substanzen geht, ohne die wir im Extremfall auskommen könnten. Die Eiweiße sind die Grundlage unseres Organismus, sie sind Bestandteil seiner Gewebe, Zellstrukturen und Hormone und wichtig für den Stoffwechsel.

Man kann sich leicht ausrechnen, dass von einem 60 Kilogramm schweren Menschen, der sich nach dem Empfehlungen des Systems der natürlichen Gesundung ernährt, nach ca. 200 Tagen nichts mehr übrig ist. Obwohl es natürlich nicht so weit kommt, weil der Tod wesentlich früher eintritt.

Es ist natürlich klar, dass in Wirklichkeit keinerlei Eiweißmangel vorliegt, sondern lediglich ein Mangel an Wissen über die Prozesse, die in den Tiefen unseres Organismus vor sich gehen. Aber dies beantwortet noch nicht die Frage nach der Nachschubquelle für das verausgabte Eiweiß. Und wenn uns die Wissenschaft hier nicht helfen kann, dann versuchen wir doch, uns auf die Logik und den gesunden Menschenverstand zu stützen.

Beginnen wir mit den unbestrittenen, wissenschaftlich anerkannten Fakten. Wir wissen, dass im Eiweiß Stickstoff, Sauerstoff, Wasserstoff, Kohlenstoff und einige andere chemische Elemente enthalten sind, die in größerer oder kleinerer Menge auch in der Erdatmosphäre existieren. In der Luft, die wir atmen, befinden sich ungefähr 79 Prozent Stickstoff, fast 21 Prozent Sauerstoff, Spuren von Kohlendioxid, Helium und vielen anderen Gasen.

Viele Jahre lang hat man angenommen, dass Pflanzen und Tiere den freien Stickstoff der Luft nicht binden können. Diese Fähigkeit wurde nur einigen Bakterien zugeschrieben, die im Boden leben. Es wurde behauptet, dass sie beinahe die einzigen Lieferanten von gebundenem Stickstoff an die Pflanzen sind, welche daraus pflanzliches Eiweiß bilden. Die Tiere, welche diese Pflanzen zu sich nehmen, wandeln das pflanzliche Eiweiß in tierisches um. Der Mensch, der Früchte, Pflanzen und Tiere isst, erhält auf diesem Weg das ganze erforderliche Spektrum an Eiweißen.

Aber die jüngsten Forschungen haben keinen Stein dieses primitiven Schemas auf dem anderen gelassen. Es wurde z. B. nachgewiesen, dass die grüne Masse der Pflanzen zu neun Zehnteln aus gebundener Energie der Sonne und aus Gasen der Atmosphäre besteht – unter anderem auf Grund der Assimilation von Stickstoff aus der Luft.

Aber vielleicht sind Pflanzen die einzige Art von komplizierten lebenden Organismen, welche in der Lage sind, unmittelbar Luftstickstoff zu binden und aus ihm Eiweiß zu bilden? Eine Reihe von Untersuchungen gibt uns Grund zur Annahme, dass dies nicht der Fall ist. Die ersten Zweifel streute bereits Iwan Michailowitsch Setschenow*. Er hat festgestellt, dass im arteriellen Blut, das durch die Gase der Atmosphäre angereichert ist und sie in die Zellen transportiert, bedeutend mehr Stickstoff enthalten ist als im venösen Blut. Setschenow gab keine Antwort auf die Frage, was denn mit dem Stickstoff in unserem Körper geschieht. Angesichts der labortechnischen Möglichkeiten Ende des 19. Jahrhunderts war das auch nicht zu erwarten. Aber warum die moderne Biologie keine Eile hat, sich dieser Frage anzunehmen, ist schwer zu sagen.

Nichtsdestoweniger kann man dank der Arbeiten vereinzelter Enthusiasten mit ziemlich großer Wahrscheinlichkeit behaupten, dass unser Organismus das verbrauchte Eiweiß auch mittels der Aneignung von gasförmigem Stickstoff ersetzt. 1970 erschien in Gorki das Buch eines bemerkenswerten Menschen, des russischen Wissenschaftlers Wolski: »Die Bindung von Stickstoff durch Pflanzen und Tiere«. Leider blieb es von den meisten Wissenschaftlern unbemerkt. In einer Serie von einfachen und scharfsinnigen Versuchen wies Wolski nach, dass der Prozess, der von ihm im Buchtitel formuliert wurde, tatsächlich vor sich geht. Beispielsweise setzte er eine Pflanze unter eine Glashaube und entfernte daraus den Stickstoff. Die Pflanze ging sozusagen vor seinen

* Iwan Michailowitsch Setschenow, russischer Physiologe, 1829–1905

Augen ein. Embryonen höherer Tiere, die unter denselben Bedingungen aufgezogen wurden, bekamen Missbildungen. Besonders augenfällig waren die Versuche mit Hühnereiern, von denen man annehmen würde, dass sie den Embryo von Anfang an mit allem versorgen, was er für eine normale Entwicklung braucht. Der Entzug von Stickstoff hatte trotzdem Missbildungen zur Folge.

Ich muss sagen, dass Wolskis Arbeiten in einem bestimmten Maß den Erfolg unserer Untersuchungen begünstigt haben, die wir in Raumschiffen und Raumstationen durchführten. Ihm ist es gelungen, den Raketenkonstrukteur Sergej Korolev zu überzeugen, dass man den Stickstoff der Luft, die die Kosmonauten atmen sollten, keineswegs durch Helium ersetzen sollte, wie das ursprünglich geplant war.

In dieser Zeit arbeitete ich am Institut für Weltraumforschung der Akademie der Wissenschaften der UdSSR, und Wolskis Experimente zogen meine Aufmerksamkeit auf sich. Ich fuhr nach Gorki, um ihn persönlich kennen zu lernen, und ich traf einen hochinteressanten Menschen, dem es sein glänzender Forschergeist ermöglichte, den Rahmen des von ihm gewählten Fachgebietes zu sprengen und erfolgreich auf dem Gebiet der Biologie zu arbeiten. Damals schlug ich ihm ein neues Experiment vor. Wolski hatte nämlich in einem fünfstündigen Experiment bemerkt, dass die ausgeatmete Luft mit Stickstoff angereichert ist. Es stand die Frage nach dem Warum im Raum. Geschieht das möglicherweise infolge des Zerfalls von zu viel konsumiertem Nahrungseiweiß?

Um diese Annahme zu überprüfen, schlug ich ihm vor, die Atemluft des Menschen zu untersuchen, der sich nach den Regeln der Heilkost ernährt. Einer meiner Patienten, welcher streng die Regeln der artgerechten Ernährung beachtete, nahm an dem Experiment teil.

Der Versuch wurde im Labor der Moskauer Lomonossov-Universität durchgeführt. Wir entdeckten, dass mein Patient im Verlauf der fünf Stunden, die das Experiment dauerte, allmählich die Menge an Stickstoff in der ausgeatmeten Luft reduzierte. Dies bestätigte unsere Annahme, dass im ersten Versuch das Nahrungseiweiß die Quelle des Stickstoffs war. Wir scherzten damals darüber, dass der Mensch nichts Besseres zu tun hat, als die Erdatmosphäre mit Stickstoff anzureichern.

Man könnte jetzt weitere Untersuchungen anstellen, wie man die vom Organismus verausgabten Eiweiße durch die Bindung des atmosphärischen Stickstoffs ersetzen kann. Doch dies bleibt talentierten Einzelgängern überlassen, weil die »hohe« Wissenschaft zu schwerfällig ist. Dabei würde die Lösung dieses Problems es erlauben, unsere Ansichten über die Ernährung und über die Eiweißbilanz des Organismus grundlegend zu verändern.

Wir haben die Wahl

Wir haben schon festgestellt, dass die moderne Ernährungswissenschaft nicht auf der Höhe der Zeit ist. Ich spreche nicht nur von unserem Land, sondern von der Menschheit insgesamt. Die Theorie der ausgewogenen Ernährung hat die Menschen in eine Sackgasse geführt, aus der man sich auch durch eine Anpassung nicht flüchten kann. Diese Theorie ist in ihrer ganzen Anlage falsch, was wir alle zu spüren bekommen. Der Alterstod als natürliche Beendigung des Lebensprozesses, als allmähliches Erlöschen, das nicht mit langem Leiden verbunden ist, ist zu einem unerreichbaren Traum geworden. Krankheiten, eine gefährlicher als die andere, strecken Menschen in einem Alter nieder, das eigentlich eine Zeit des Aufblühens, der Weisheit und der schöpferischen Arbeit, der Liebe und der Erziehung von Kindern sein sollte. Der durch die falsche Lebensweise und vor allem durch die artfremde Ernährung geschwächte Organismus wird eine leichte Beute aller möglichen Erkrankungen.

Sie fragen mich: Wo ist der Ausweg? Ist es denn nicht möglich, die Bemühungen der Wissenschaftler der ganzen Welt zu vereinigen und eine Theorie der Ernährung zu schaffen? Meine Antwort ist eindeutig: Nein, das ist nicht möglich! Und zwar solange wir uns nicht selbst definiert haben, solange uns nicht klar ist, wer wir sind und was unser Platz in der Natur ist.

Die erste und wichtigste Frage, auf die wir alle antworten müssen, lautet: Wer sind wir, Pflanzenfresser oder Allesfresser? Und diese Antwort kann die Natur selbst geben.

Wenden wir uns den Fakten zu, welche sie uns in Hülle und Fülle bereitstellt. Einen Teil von ihnen habe ich schon angeführt: die artspezifischen anatomischen und physiologischen Besonderheiten des menschlichen Organismus; die Erfahrung von Millionen Menschen, welche das Fleisch vollständig aus ihrer Nahrung verbannt haben; und schließlich die für den Menschen traurigen Folgen der Verwendung von Fleisch.

Ich gebe zu, dass auf einem bestimmten Punkt der Entwicklung das tierische Eiweiß zu einer Stufe auf einer Treppe wurde, die es dem Menschen erlaubte, Mensch zu werden. Aber heißt das, dass wir auch weiter auf einer Treppenstufe leben müssen? Vielleicht ist es an der Zeit, unsere »Wohnung« in jener ökologischen Nische zu errichten, die uns die Natur zugewiesen hat? Und zwar so, dass wir die Nachbarn nicht belästigen, ihnen nicht das Leben vergiften mit unserer Ignoranz. Ansonsten wird unsere Bequemlichkeit, die wir über alle Maßen schätzen, für uns alle zu einer kollektiven Grabstätte.

Nehmen wir an, wir haben uns bei der oben gestellten Frage für die »Pflanzenfresserei« entschieden. Ich hoffe darauf und tue alles, was in meinen Kräften steht, um diese Wahl zu unterstützen. In diesem Fall muss die Ernährungswissenschaft auf die zweite, entscheidende Frage antworten: Ist die Nahrung die einzige Quelle, aus der die Menschen ihren Energiebedarf decken können?

Die »Theorie der ausgewogenen Ernährung« antwortet eindeutig mit Ja. Aber zahlreiche Fakten zeugen davon, dass es bei weitem nicht so ist. Denken wir logisch: Kann der Mensch im Meer baden und trocken heraussteigen? Wir müssen die Theorie nicht kennen, die die benetzenden Eigenschaften des Wassers erklärt, schon die gewöhnliche Lebenserfahrung sagt uns, dass das unmöglich ist. In unserem Fall badet der Mensch wie alles Lebende auf der Erde buchstäblich in einem Meer von Energie. Wobei es eine Vielzahl an Formen von Energie gibt, sowohl solche, die von der Wissenschaft registriert wurden, als auch solche, die noch unbekannt sind. Sowohl die kosmische Strahlung als auch die Sonnenenergie und, wie die schon erwähnten theoretischen Forschungen Gerlowins gezeigt haben, die Energie des physikalischen Vakuums. Die Verfechter der Kalorientheorie erkennen nur eine Form der Energie an, die Wärmeenergie, d.h. die Energie der Oxidation, in deren Verlauf die chemischen Verbindungen der Stoffe aufgebrochen werden.

Aber das Leben selbst widerlegt dieses künstliche Konstrukt. Bereits am Anfang des Jahrhunderts richteten die Gelehrten ihre Aufmerksamkeit auf die chemische und biologische Ähnlichkeit des Bluthämoglobins und des Chlorophylls der Pflanzen. Damals äußerte der Schweizer Arzt Maximilian Bircher-Benner* die Vermutung, dass »auch im Tier die Umwandlung der Sonnenenergie in chemische Energie stattfinden kann«. In diesem Zusammenhang erinnere ich noch einmal an all meine Wüstenüberquerungen – insbesondere denke ich an jenen Marsch, der teilweise über den ausgetrockneten Grund des Aralsees führte, wo über Dutzende und Aberdutzende Kilometer kein einziger Brunnen zu finden ist. Hätten die Anhänger der Theorie der ausgewogenen Ernährung recht, wären weder ich noch meine Kollegen, die mit mir den heißen Sand durchquerten, nach Hause zurückgekehrt. Denn unsere tägliche Wasserration betrug weniger als ein Zehntel der Menge, die diese Theoretiker Menschen empfehlen, die unter schwerer physischer Belastung stehen.

Ja, wenn man diesen Theoretikern Glauben schenkt, dann hätte bei dieser extremen Unterversorgung mit Kalorien von uns nicht einmal ein Schatten bleiben dürfen. Stattdessen verlor niemand an Körpermasse, und einige von uns nahmen sogar zu. Ich würde sehr gerne hören,

* Maximilian Bircher-Benner, 1867–1939, Schweizer Arzt und Ernährungwissenschaftler, Erfinder des »Bircher-Müsli«

wie einer dieser »Kaloretiker« mir diesen Umstand erklärt. Aber die hüllen sich in Schweigen.

Solange wir nicht aus unserer Lethargie erwachen, wird den »Kaloretikern« ein sattes Leben und ein ruhiger Schlaf sicher sein. Unser gemeinsames Los sind jedoch lange Krankheiten und eine geringe Lebenserwartung.

Die dritte Frage, auf die die Ernährungswissenschaft eine Antwort finden muss, ist die Frage, welche Energie unser Organismus mit der Nahrung erhält: nur Wärmeenergie, wie uns die Vertreter der heute herrschenden Theorie weismachen wollen, oder auch biologische Energie?

Schauen wir uns dazu eine allseits bekannte Tatsache etwas genauer an. Wie jeder weiß, verdoppelt ein Neugeborenes, das sich ausschließlich von der Muttermilch ernährt, in 180 Tagen sein Gewicht. Beim Versuch, dieses Phänomen zu erklären, ereifern sich die »Kaloretiker« mit Erklärungen über den hohen Kaloriengehalt der Muttermilch. Wie sieht die Wirklichkeit aus? In 100 Gramm Muttermilch sind lediglich zwei Gramm Eiweiß und eine winzige Menge an Fetten und Kohlenhydraten enthalten. Wenn man die Nahrungsration eines Säuglings auf sein Körpergewicht bezieht, dann stellt sich heraus, dass er nach dem Kaloriengehalt auf einer Stufe mit einem hungernden Bettler steht. Aber das Neugeborene gedeiht und wächst nicht täglich, sondern stündlich. Wie ist das zu erklären?

Bevor ich Ihnen irgendwelche Schlüsse oder Gedanken darüber anbiete, möchte ich Ihnen noch von einem interessanten Experiment erzählen. Neugeborene Mäuse füttert man mit natürlicher Milch, und sie gedeihen prächtig. Aber kaum ersetzt man die natürliche Milch mit einem Gemisch, das exakt die chemische Zusammensetzung der Milch reproduziert, aber dessen Ingredienzen nicht aus lebender Substanz gewonnen wurden, gehen die Mäuse reihenweise ein. Sie leben mit diesem »Futter« sogar kürzer, als wenn sie nur einfaches Wasser bekommen. Sobald man diesem Gemisch wenigstens ein paar Tropfen natürlicher Milch hinzufügt, werden die Versuchsmäuse flink und beweglich wie vorher.

Es wäre naiv, irgendwelche Erklärungen dieser Fakten von den Verfechtern der ausgewogenen Ernährung zu erwarten.

Es existiert die Annahme, dass alle materiellen Formen nicht nur über Energie verfügen, sondern auch über Information. Man kann damit einverstanden sein oder auch nicht, aber wer die Natur in ihrer Ganzheitlichkeit auffasst, der begegnet auf Schritt und Tritt diesem dritten Element in der Einheit von Materie und Energie. Somit ist es wohl eher angebracht, von einer Triade »Materie – Energie – Information« zu sprechen. Deshalb vergessen Sie, wenn von biologischer Energie die Rede sein wird, nicht das letzte Glied dieser Dreierformel.

Jetzt aber kehre ich zu der höheren Energieform zurück, welche mit den heutigen unsensiblen Methoden und Geräten nicht registriert wird. Genau diese Energie erhält der Säugling mit der Muttermilch, sie belebt die am Abgrund des Todes befindlichen kleinen Mäuse. Diese Energie verbirgt sich wie eine zusammengedrückte Sprungfeder im Weizenkorn und wartet auf ihre Stunde, um mit dem auf die Sonne gerichteten Keim loszuschießen. Auf ihre Existenz haben die scharfsinnigsten Köpfe der Menschheit hingewiesen, und Wernadski, der sie die biologische Energie nannte, unterstrich gleichzeitig, dass sie für unsere Vorstellung von Energie noch nicht fassbar ist. Und der oben erwähnte Schweizer Arzt Bircher-Benner schlug sogar vor, den Wert der Lebensmittel nicht nach ihrer wärmeerzeugenden Fähigkeit zu bemessen, sondern nach ihrer Fähigkeit, Sonnenenergie zu akkumulieren. Dementsprechend teilte er die Lebensmittel in drei Kategorien ein. Zur ersten Kategorie, der wertvollsten, zählte er die Produkte, die wir in ihrer natürlichen Form verzehren. Das sind Obst, Beeren, Früchte von Sträuchern, Wurzeln, Salate, Nüsse, Mandeln, Getreidekörner, Kastanien und von den tierischen Produkten lediglich Rohmilch und Eier. In der Gruppe zwei, die sich durch einen mäßigen Energieverlust infolge von Absterben und Erhitzung auszeichnet, zählen Gemüse (Blätter, Stängel und Wurzeln), Pflanzenknollen (Kartoffeln u.Ä.), gekochte Getreidekörner und Teigwaren, gekochte Früchte und von den tierischen Lebensmitteln gekochte Milch, junger Käse, Butter und gekochte Eier. In die dritte Gruppe gelangten Lebensmittel mit deutlich abgeschwächter Energie, was durch Tötung, Erhitzen oder durch beides bedingt ist: Pilze, welche nicht in der Lage sind, selbstständig Sonnenenergie zu speichern, reifer Käse, rohes, gebratenes oder gekochtes Fleisch, Fisch, Geflügel, geräucherte und gesalzene Fleischprodukte, Wild. Wie wir sehen, ist die Werteskala der Lebensmittel, wie sie Bircher-Benner vorschlägt, der von der Theorie der ausgewogenen Ernährung empfohlenen gerade entgegengesetzt. Und wer hat jetzt Recht?

Ich persönlich ließ meine letzten Zweifel nach meinem Experiment mit den Supermarathonläufern fallen. Ein paar Worte über diesen Sport selbst. Im Unterschied zum gewöhnlichen Marathon, dessen Distanz 42,195 Kilometer beträgt, legen die Supermarathonläufer in sieben Tagen 500 Kilometer zurück, je 70 bis 72 Kilometer pro Tag. Diese für den menschlichen Organismus extreme Belastung ist durchaus vergleichbar mit der schwersten physischen Arbeit. Die Supermarathonläufer verbrauchen pro Tag bis zu 6000 Kilokalorien.

Für mein Experiment schleuste ich in eine Gruppe von 40 Supermarathonläufern einige nach meiner Methodik vorbereitete Sportler ein. Die »normalen« Sportler verpflegten sich mit Rationen, die von »kaloretischen« Experten zusammengestellt wurden. Sie verbrauchten am Tag 190 Gramm Eiweiß, etwa 200 Gramm Fett und 900 Gramm Kohlenhydrate, was umgerechnet eben diese 6000 Kilokalorien ergab. Die Auswahl der Lebensmittel entsprach vollständig der ausgewogenen Ernährung und bestand aus Fleisch in allen möglichen Formen, Nudeln und Süßigkeiten. Die Sportler, die zu meiner Gruppe gehörten, bekamen am Tag 28 Gramm Eiweiß, 25 Gramm Fett und 180 Gramm Kohlenhydrate, was nach der üblichen Methode 1200 Kilokalorien entsprach. Die Lebensmittel waren vollwertig und energiehaltig und hatten ihre natürlichen Eigenschafen bewahrt: eine Rübe und kein Rübenkonzentrat, frisches Grün, Obst, Gemüse, ganze Getreidekörner. In allen übrigen Punkten – bei der physischen Belastung und im Tagesablauf – gab es keinerlei Unterschied zwischen den Teilnehmern des Experiments. Die vergleichende Analyse ergab, dass meine Schützlinge sich als robuster erwiesen und nicht nur das Gewicht hielten, sondern sogar zulegten.

Und hier ein Auszug aus dem Protokoll eines anderen Experiments, einem Vier-Tages-Lauf von Akademgorodok nach Barnaul, an dem 13 Mitglieder des Klubs der Amateurläufer der sibirischen Akademie der Wissenschaften der UdSSR teilnahmen. Pro Tag liefen sie 50 Kilometer, wobei sie für jeden Kilometer vier bis fünf Minuten brauchten.

»Täglich vor und nach dem Lauf«, heißt es in dem Dokument, »wurden die Teilnehmer gewogen. Drei Teilnehmer behielten ihr Gewicht, zwei legten zwischen 0,7 und 2 Kilogramm zu.« Ich muss hinzufügen, dass die Läufer, die sich nach den Normen der Kalorientheorie verpflegten, bei dem Wettkampf drei bis vier Kilogramm verloren.

Die Ergebnisse des Experiments waren für die Anhänger der Kalorientheorie eine große Überraschung. Aber der Donner ging vorüber, und alles blieb beim Alten. Man muss auch nicht fragen, warum: Wenn die Fakten den Postulaten der herrschenden Theorie widersprechen, ist das schlecht für die Fakten.

Ich habe als Ergebnis meiner langjährigen Experimente eine wissenschaftliche Vorstellung über die Normen wahrer Gesundheit gewonnen – im Unterschied zur »praktischen Gesundheit«. Der Hauptstoffwechsel des Menschen, der nach dem System der natürlichen Gesundung lebt, braucht 250 bis 400 Kilokalorien. Der »praktisch gesunde« und noch arbeitsfähige, aber faktisch schon chronisch kranke Mensch braucht hingegen 1200 bis 1700 Kilokalorien.

In dem von mir erarbeiteten System hat die Mehrheit der Ideen, die zu unterschiedlichen Zeiten von den größten Gelehrten der Welt geäußert wurden, Platz gefunden. Dabei hat jede von ihnen eine akribische und praktische Überprüfung in zahlreichen Versuchen und Experimenten durchlaufen, bevor ich sie in mein System aufnahm. Im Ergebnis ist es mir meiner Meinung nach gelungen, die gängigen Vorstellungen darüber, wie der Energieverbrauch des menschlichen Organismus ersetzt werden muss, auf den Kopf zu stellen. Aber die Theorie der ausgewogenen Ernährung gibt ihre Positionen nicht auf. Sie wird so lange darauf bestehen, wie sie Ihre schweigende Unterstützung genießt, und Sie sich nicht von den Gewohnheiten und Gelüsten lossagen, die einen fruchtbaren Boden für diese Theorie bilden.

Wir befinden uns auf einem Scheideweg. Die Kalorientheorie der Ernährung ist nachweislich falsch. Doch es wurde noch keine neue Ernährungswissenschaft geschaffen, und der Hauptgrund dafür liegt in dem niedrigen Niveau unseres wissenschaftlichen Menschenbildes. Nichtsdestoweniger wissen wir bereits, in welche Richtung wir zu gehen haben. Es ist nur noch der erste Schritt zu tun. Also machen wir ihn, denn nur der Gehende bewältigt den Weg.

3

Die Atmung des gesunden Menschen

Eine Kluft, so breit wie die Zivilisation

Zur Atmung habe ich ein besonderes, ich möchte sagen ehrfürchtiges Verhältnis. Mit ihrer Hilfe wird die reinste, die lebendigste Verbindung mit dem Kosmos aufrechterhalten. Manchmal fällt es mir sogar schwer zu entscheiden, ob die Atmung nur eine physiologische Funktion meines Organismus ist oder ob der Kosmos selbst mir das Leben einhaucht.

Übrigens können das heutzutage nur wenige fühlen. Zu weit sind Mensch und Natur voneinander entfernt, und auf der Erde sind zu wenig Flecken geblieben, wo man mit sich und der Welt des Lebendigen eins sein kann. Wenn man von diesem Gesichtspunkt aus unsere Städte betrachtet, muss man zu dem Schluss kommen, dass die moderne Zivilisation schon längst aufgehört hat, auf das Leben auf der Erde Rücksicht zu nehmen. Gebannt blickt sie auf ihre eigene Erstarrung, die sie für Macht hält. Würde jemand sich die Mühe machen und auf einer Karte die unberührte, von der zerstörerischen Tätigkeit des Menschen ausgenommene Natur mit Grün zu kennzeichnen und die mit dem Todesatem der Zivilisation befallene mit Grau und Schwarz, so gliche diese Karte dem düsteren Bild eines Leichenzugs. Mit schwarzen, fetten Klecksen würden auf ihr ungeheure Megapole verschwimmen, wie kranke schwarz gewordene Venen würden die gewundenen Linien der vergifteten Flüsse anschwellen.

Von welchem Geheimnis der menschlichen Atmung kann die Rede sein in einer stinkenden, lauten Stadt, die aus Asphalt und Beton besteht? Vom Standpunkt der Natur sind das leblose Wüsten, obwohl es nach der Anzahl der Menschen pro Fläche ein Ameisenhaufen ist.

Am meisten beunruhigt mich, dass sogar unsere Kenntnisse über das Leben auf dem Studium der von uns selbst künstlich geschaffenen Welt beruhen. Muss man sich dann darüber wundern, dass die moderne Medizin keine Kriterien für wirkliche Gesundheit besitzt? Aber ohne einen solchen Maßstab ist es nicht schwer, auch denjenigen für gesund zu erklären, der schon von Geburt an krank ist.

Was bedeutet der Begriff »praktisch gesund« in der Realität? Dass jemand gesund ist, aber nicht ganz? Aber wenn er nicht ganz gesund ist, wie kann man ihn überhaupt für gesund halten? Hinter dieser Formulierung verbirgt sich eine reine Konsumhaltung gegenüber dem Menschen, der vorläufig noch seine Arbeitsfähigkeit bewahrt hat, aber jeden Moment die brüchige Grenze überschreiten kann, die offene Krankheiten von versteckten trennt. Am wenigsten annehmbar an dieser Formel ist der Umstand, dass sie mit schönen Worten einen absolut unnormalen, nämlich kranken Zustand umschreibt, in den uns unsere moderne Zivilisation treibt.

Nachdem wir über die Atmung gesprochen haben, schauen wir uns doch an, wie die moderne Medizin den Atmungsprozess bewertet. Heute nimmt man an, dass eine Atemfrequenz von 18 bis 20 Atemzyklen (Ein- und Ausatmen) in der Minute normal ist. Worauf gründet sich diese Überzeugung? Auf einen statistischen Mittelwert, der die Atmung des modernen Menschen beschreibt, welcher keine Symptome einer Erkrankung zeigt.

Sehen wir uns nun einen Menschen an, der sich an die Empfehlungen des Systems der natürlichen Gesundung hält. Seine Atmung hat sich ohne spezielle Vorbereitung auf eine Atemfrequenz von vier bis sechs Atemzyklen pro Minute normalisiert.

Und welche physiologische Funktion des Organismus wir auch immer hernehmen, der Unterschied zwischen praktischer und faktischer Gesundheit springt sofort ins Auge.

Na und, wird der eine oder andere Leser sagen, ist es nicht egal, mit welcher Frequenz wir atmen? In der Tat, ist es nicht wirklich egal? Vom Standpunkt des künstlichen Menschen sicherlich. Er hat es einfach nicht anders gelernt, ja er kann auch physisch gar nicht anders atmen. Was scheren ihn solche Banalitäten wie die Harmonisierung des Lebensrhythmus unseres Organismus und der kosmischen Rhythmen?

Was soll es da für Rhythmen geben, denkt er, wenn der Rhythmus des Lebens dich an der Gurgel packt und dir keine Luft lässt.

Nehmen wir an, dass er Recht hat, und heute, wo doch die Sorge um das tägliche Brot alle übrigen Sorgen in den Hintergrund drängt, keine Zeit bleibt für solche

Dinge. Aber ist es denn in anderen Ländern anders? Keine Spur! Die gleichen 18 bis 20 Zyklen pro Minute werden postuliert. Es herrscht die gleiche Unbildung in Fragen der Atmung und Ernährung, und was das Wichtigste ist: Überall findet man die fehlende persönliche Verantwortung für die eigene Gesundheit.

Die Mehrheit der Menschen ist der festen Überzeugung, dass mit der Atmung bei ihnen alles in Ordnung ist. Was soll es hier auch für Tricks geben: Atme, wie es sich atmet, den Rest erledigt die Natur auch ohne dein Mitwirken.

Bis heute herrscht die Überzeugung, dass es die Haupt- und beinahe einzige Aufgabe der Atmung ist, die Zellen des Organismus mit Sauerstoff für die Oxidation der Nährstoffe zu versorgen und dann das Kohlendioxid abzuführen, welches sich beim Stoffwechsel bildet. Erraten Sie den Zusammenhang mit den Theoretikern der ausgewogenen Ernährung, die der Meinung sind, dass die einzige Energiequelle im Organismus die Kalorien der Nahrung sind? Und jetzt kombinieren Sie die beiden Standpunkte und schauen Sie, wie primitiv das Modell des menschlichen Organismus ist, das sich hier abzeichnet. Die Analogie mit einer Dampfmaschine ist vollständig: Der Mensch schaufelt sich Brennstoff in Form von Lebensmitteln ein, durch die Lüftung (die Lunge) wird Sauerstoff zugeführt, der Brennstoff wird verbrannt, und die Abfälle, die nach der Verbrennung zurückbleiben, werden weggeworfen. Und das ist die Krone der Schöpfung der Natur, ein Mikrokosmos? Wie wenig muss man doch den Menschen lieben, wie wenig muss man ihn kennen, um ihn auf eine Stufe mit einem Regenwurm zu stellen?

Manchmal grenzt es ans Lächerliche. In unserer Medizin hat beispielsweise die in China entstandene Akupunktur eine weite Verbreitung gefunden. Gleichzeitig wird die Lehre über die aktiven Punkte und Meridiane, entlang derer sich die Energie im menschlichen Körper verbreitet (und das ist die Grundlage der Akupunktur), bis heute als nicht wissenschaftlich bezeichnet. Somit begeben wir uns freiwillig ins Abseits: Wir lehnen die Lehre der alten chinesischen Naturkenner ab, statt sie zu verstehen und sie auf der Grundlage exakter Methoden weiterzuentwickeln.

Aber es existiert ein noch ernsterer Grund für die vereinfachte und fehlerhafte Vorstellung vom Menschen und seinem Platz in der lebenden und leblosen Natur.

Haben Sie jemals darüber nachgedacht, warum Sie oder Ihre Freunde niemals das Gefühl verlässt, dass Ihr Leben ein einziges sinnloses Theaterstück ist, das von einem geheimnisvollen Regisseur inszeniert wurde? Die einen geben diesem Regisseur den Namen einer konkreten historischen Persönlichkeit, andere sehen hier den Einfluss von höheren, dunklen oder lichten Kräften, Bewohnern fremder Planeten, Besuchern von anderen Welten. Nur wenige legen sich Rechenschaft darüber ab, dass ein normaler Mensch mit einer gesunden Psyche nicht anders kann, als sich in dieser künstlichen Welt, die von den Händen unendlich vieler Generationen erbaut wurde, wie in einem absurden Theater vorzukommen. Es gibt nichts Widernatürlicheres als den Umstand, dass der von der Natur erschaffene Mensch sich durch lieblos bemalte Kulissen von ihr abschottet. Mehr noch, er ist zutiefst davon überzeugt, dass diese Kulissen die Natur selbst sind, der er ständig seine Liebe erklärt und welche sich unmerklich in eine gesichtslose »Umwelt« verwandelt hat. Muss man sich darüber wundern, dass seine »Sorgen« die Flüsse in Abwassergräben verwandelt haben, die Meere in Salzsümpfe, blühende Böden in radioaktive Wüsten, und dass er selbst zu einem Flüchtling im eigenen Haus wurde?

In diesem Sinne waren unsere Vorfahren glücklicher als wir: Sie hatten es einfach noch nicht geschafft, die Natur zu degradieren, und konnten deshalb objektiv über sie urteilen und die Welt beinahe in ihrer ursprünglichen Reinheit und Frische empfinden. Nicht zufällig sind uns aus der Tiefe der Jahrhunderte Systeme überliefert worden, die dem Menschen die Möglichkeit geben, sich als Teil des Kosmos zu empfinden: das schon erwähnte indische Yoga, die chinesische Akupunkturtechnik und das großartige Mazdaznan.

Atmung und Energie

Auf den Atmungsprozess passen durchaus Begriffe wie »Verbindung«, »Einklang«, »Proportion« – all dies sind Bedeutungen des griechischen Wortes »Harmonie«. Das sind auch jene Begriffe, welche die Besonderheiten der Musik, der Poesie, der Malerei und jeder anderen Kunst ausmachen. Nicht zufällig haben die Alten von der »Kunst des Atmens« gesprochen. Es ist eine klassische harmonische Schwingung.

Die Atmung hat für uns eine große Bedeutung, weil sie den Organismus mit Sauerstoff versorgt, ohne den augenblicklich alle Prozesse und somit das Leben zum Stillstand kämen. Eine falsche Ernährung schlägt sich erst nach

Monaten oder Jahren auf die Gesundheit nieder. Auf fehlenden Sauerstoff – den Stillstand der Atmung – reagiert der Organismus hingegen sofort: Es reichen wenige Minuten ohne Atem aus, und der Mensch stirbt. Bereits nach fünf bis sieben Minuten ohne Sauerstoff kommt es in der Hirnrinde zu irreparablen Veränderungen.

Der Atem ist tonangebend bei den Emotionen des Menschen, bei seiner geistigen Tätigkeit, beim Blutkreislauf, bei der Nahrung, beim Wärmehaushalt – kurz gesagt bei allen wichtigen Prozessen des Organismus, die seine Verbindung mit der Umwelt herstellen. Und jetzt fragen wir uns, wie effektiv dieser Energieaustausch ist, wenn der Rhythmus unseres Organismus nicht mit den Rhythmen des Kosmos verbunden oder zu wenig mit ihnen harmonisiert ist.

Das einfachste Beispiel für diese Verbindung kennen wir alle: die Reaktion unseres Organismus auf die Abfolge von Tag und Nacht. Nachts fällt die gesamte Natur – und mit ihr auch der Mensch – in Schlaf. Das ist die Zeit der vollständigen Entspannung des Organismus, die Zeit der ungehinderten Verbreitung der Lebensenergie in seinem Inneren. Diese Energie erreicht ihn auf den unterschiedlichsten Wegen, in erster Linie über die Atmung. Auch wenn manche empört aufschreien, sobald sie auf den Terminus »Lebensenergie« stoßen, so gehört die Vorstellung von ihr zu den Eckpfeilern des Systems der natürlichen Gesundung. Die Alten kannten diese Energie unter den unterschiedlichsten Bezeichnungen: Prana, Chi-Energie etc. Die Menschheit besaß niemals die Fähigkeit und besitzt sie auch heute nicht, diese Energie mithilfe von Geräten zu messen, aber nur Ignoranten beeilen sich, alles ihrem Verständnis Unzugängliche mit ideologischen oder auch mit ganz gewöhnlichen Pflastersteinen zu bewerfen.

Kehren wir noch einmal zurück zu den Rhythmen der Natur und den Rhythmen unseres Organismus, welche immer weniger aufeinander abgestimmt sind. Schlaflosigkeit, ein schwerer, nicht die erwünschte Erholung bringender Schlaf, wird zur Geißel der Menschheit. Der Konsum von Beruhigungsmitteln steigt. Aber sogar die stärksten Schlafmittel bringen keine Erleichterung, weil sie das Bewusstsein abschalten, aber die Anspannung des Organismus nicht beseitigen. Dies hat zur Folge, dass die Kanäle der Lebensenergie verschlossen bleiben und sich der Organismus nicht erneuert, nicht die erwünschte Erholung erhält.

Außer der Abfolge von Tag und Nacht existiert in der Natur eine Vielzahl von anderen bekannten und noch nicht bekannten Rhythmen. Es genügt, auf die Mondphasen hinzuweisen, auf die Jahreszeiten, auf die Rhythmen der Sonnenaktivität und auf die sich periodisch wiederholenden Planetenstellungen, welche einen deutlichen Einfluss auf alle Lebensprozesse im Menschen haben, darunter auch auf die Atmung.

Wir haben uns zusammen mit der Natur entwickelt und sind ihr untrennbarer Bestandteil. Darum ist die Idee der Isolation des Organismus von der Umwelt verhängnisvoll und trägt in sich den Geist der Konfrontation, von dem unsere ganze Zivilisation belastet ist. Sich nicht von der Natur zu isolieren, sondern mit ihr zusammenzufließen, nach ihren Gesetzen zu leben, das ist der einzige Ausweg für diejenigen, die wirklich gesund sein wollen.

Atmung und Blutkreislauf

Die Lunge ist der wichtigste Teil unseres Atmungsapparates. Der rechte Lungenflügel besteht aus drei Teilen, der linke Lungenflügel ist zweigeteilt. Bei der Atmung gelangt die Luft durch die Nase bzw. den Mund in die Luftröhre, welche sich in fünf Bronchien teilt (entsprechend der Anzahl der Lungenteile). Die Bronchien verzweigen sich und bilden im Lungengewebe ein dichtes Netz von sich verengenden Kanälen. Diese Kanäle enden mit Luftbläschen – den Alveolen, deren Wände von feinsten Kapillargefäßen durchzogen sind. Hier findet der Gasaustausch statt.

Der Atmungsvorgang ist sehr komplex, darum verzichte ich hier auf eine genauere Erläuterung. Nur eines möchte ich bemerken: Die Bauchatmung ist ausschlaggebend. Sie hängt eng mit der Brustatmung zusammen und ist die eigentliche Grundlage des natürlichen Atmungsprozesses eines gesunden Menschen.

Aus dem Mathematikunterricht wissen wir, dass Aufgaben, in denen es nur Unbekannte gibt, keine Lösung haben. Im Leben ist oft alles ganz anders: Es werden nicht einmal die Aufgaben gelöst, bei denen alles bekannt ist, sogar die Antwort. Zu diesen zählt auch die Aufgabe, bei der die Frage zu beantworten ist: Warum verringert sich das Atempotenzial des Menschen gegen sein 60. Lebensjahr auf das Niveau eines neunjährigen Kindes?

Der Hauptgrund ist die widernatürliche Lebensweise des Menschen. Sie kann korrigiert werden, wenn die allgemeine Kultur des Menschen verändert wird, vor allem die Körperkultur. Und das erfordert hohe persönliche Verantwortung jedes Einzelnen für seine Gesundheit.

Dabei gilt es vor allem, mit der falschen, für den Menschen als biologische Art ungeeigneten Ernährung Schluss zu machen. Wenn täglich das Vier- bis Fünffache – oder sogar das Zehnfache – von dem gegessen wird, was die Natur vorgesehen hat, dehnt sich der Magen aus, und in der Bauchhöhle bilden sich Fettablagerungen. Der vergrößerte Magen-Darm-Trakt verzerrt die Funktion des Zwerchfells, eines der wichtigsten die Atmung unterstützenden Elemente, und beschränkt seine Beweglichkeit. Dabei führt eine breite Amplitude der Bewegung des Zwerchfells zu einer tiefen, langsamen Atmung, wogegen eine schmale Amplitude eine schnelle, oberflächliche Atmung bedeutet. Warum ist der erste Atmungstyp dem zweiten vorzuziehen?

Wissenschaftler haben herausgefunden, dass der menschliche Körper bei tiefer Atmung Endorphine bildet, die an den Synapsen der Nervenzellen die Weiterleitung der Schmerzinformation blockieren. Dies setzt die Schmerzgrenze deutlich höher und führt zu einer besseren Kontrolle über den Körper. Die Endorphine haben dadurch auch einen großen Einfluss auf das geistige und körperliche Wohlbefinden und sorgen für eine positive emotionale Ausrichtung.

Aber vom Grad der Erhöhung oder Verringerung des Drucks in der Bauchhöhle hängt nicht nur die Effektivität des Atmungsprozesses ab, sondern auch die des Blutkreislaufs.

Es ist bekannt, dass der Blutdruck in den Arterien bedeutend höher ist als in den Venen. Aus einer verletzten Arterie sprudelt das Blut wie aus einem Springbrunnen, und aus einer Vene fließt es wie ein Rinnsal. Der Druck in den Arterien wird von dem mächtigen Herzmuskel erzeugt, in ihnen fließt das Blut weg vom Herzen. In den Venen wird das Blut zurück zum Herzen transportiert, allerdings ohne die Hilfe des Herzmuskels. Bei einer Vene im Muskelgewebe des Beins beispielsweise bewegt sich der Blutstrom dank der Kontraktion der Muskeln, die die Venen zusammendrücken und auf diese Weise das Blut in Richtung Herz schieben. Einen Rückfluss gibt es nicht, weil die Venenklappen die Bewegung des Blutes nur in einer Richtung zulassen.

Aus heutiger Sicht, wo die Stabilität unseres Organismus auf Grund der unnatürlichen Lebensweise kaum noch Reserven aufweist, sieht die Konstruktion des Venenkreislaufs nicht besonders verlässlich aus. Aber man darf nicht vergessen, dass das venöse System nicht auf den heutigen künstlichen Menschen ausgelegt wurde, der sich kaum bewegt, sondern auf den Urmenschen, der auf der Nahrungssuche ständig in Bewegung war. Muss man sich denn wirklich darüber wundern, dass die schlaffen Muskeln des heutigen Menschen nicht mit ihren Verpflichtungen zurechtkommen? In der Folge bleibt das Blut in den Venen stehen, die Gefäßwände verlieren ihre Elastizität, und die Venenklappen funktionieren nicht mehr richtig. Am Ende stehen Krampfadern und eine beschleunigte Entwicklung sklerotischer Erscheinungen.

Schon diese flüchtige Bekanntschaft mit dem System unserer Atmung zeigt, wie sehr im menschlichen Organismus alles zusammenhängt.

Aber ein sehr wichtiges Element in der Atmung habe ich noch nicht erwähnt: die Hautatmung. Welche Rolle sie im menschlichen Organismus spielt, zeigt ein Fall, der sich im Italien der Renaissance ereignet hat. Am Vorabend des traditionellen Karnevals wurde der Körper eines Knaben, der den Cupido spielen sollte, mit goldener Farbe bemalt. Man wusste nicht, dass die Hautatmung, also der Austausch von gasförmigen Stoffen über die Haut, für den Organismus lebensnotwendig ist. Der Knabe starb.

Aber beschränkt sich denn die Hautatmung auf diese eine Funktion? In den vorhergehenden Abschnitten habe ich schon darauf hingewiesen, dass zwischen dem Bluthämoglobin und dem Pflanzenchlorophyll, welches unter Sonneneinstrahlung die Atmosphärengase und die Sonnenenergie bindet, eine Ähnlichkeit besteht. Es ist durchaus logisch anzunehmen, dass in unserem Organismus die Funktion des Hämoglobins sich nicht auf die Weitergabe des Sauerstoffs an das Körpergewebe beschränkt. Doch davon später.

Vom Einatmen und Ausatmen

Mit der Luft, die wir einatmen, strömen atmosphärische Gase in unseren Körper. Doch Atmen bedeutet »Energieaustausch«, und das heißt, dass die Zusammensetzung der ausgeatmeten Luft ebenso bedeutsam ist.

Zu dem Verständnis der Rolle des Kohlendioxids im Organismus hat auch der Biochemiker Maxim F. Gulyj* viel beigetragen. Er hat seine Aufmerksamkeit auf die Existenz verschiedener Modifikationen von kohlensauren Verbindungen gerichtet, welche in einem bestimmten Prozentverhältnis untereinander stehen sollten.

* Maxim Fedotowitsch Gulyj, Biochemiker, geb. 1905, Stalin-Preisträger 1952, Mitglied der Akademie der Wissenschaften

Die Untersuchungen von Gulyj legten den Grundstein für ein völlig neues Verständnis der Rolle des Kohlendioxids im Stoffwechsel des menschlichen Organismus. Jede Störung darin kann schwere Folgen haben – Bronchialasthma ist nur eine von ihnen.

Die ersten Anzeichen sind verkürztes Einatmen, erschwertes Ausatmen oder beides gleichzeitig. Bronchialasthma mit Medikamenten zu heilen, besonders mit Broncholytika, ist das Gleiche, wie Feuer mit Benzin zu löschen. Die Verkrampfung der Bronchien ist eine natürliche Abwehrreaktion des Organismus, damit soll das Entweichen von Kohlensäure aus dem Körper verringert werden. Die Broncholytika stören diesen Selbstregulierungsprozess. Die Antwort auf die Einmischung durch Medikamente wird unbedingt eine Verstärkung der Krämpfe sein. Um Bronchialasthma loszuwerden, muss man nicht seine Folgen heilen. Man muss die Ursachen beseitigen, die die Prozesse des Gasaustauschs entstellen.

Es ist bekannt, dass eine mangelnde CO_2-Konzentration im Organismus krank macht. Daraus ergibt sich der Wunsch zu klären, wo die Ursachen für die Entstehung des Defizits liegen. Alle Spuren führen zu den Muskeln unseres Körpers, bei deren Tätigkeit Kohlendioxid entsteht. Aber dies ist nur eine von vielen Verbindungen des Kohlenstoffs mit Sauerstoff. Es hat einen »kleinen Bruder«, das Kohlenmonoxid mit der chemischen Formel CO. Während CO_2 unser Freund ist, ist CO unser ärgster Feind. Es entsteht unter Sauerstoffmangel und verschlingt den Sauerstoff überall, wo er ihm begegnet. Deshalb muss den Muskeln genügend Sauerstoff zugeführt werden, weil nur so die Bildung von Kohlenmonoxid ausgeschlossen werden kann. Doch die

Muskeln brauchen nicht einfach Sauerstoff, sondern energetisch vollwertigen Sauerstoff mit dem Atomgewicht 16. Nur dann wird die Arbeit unserer Muskeln effektiv sein, und sie werden eine ausreichende Menge an CO_2 produzieren.

Somit haben wir die Quellen des »Kohlensäureflusses« gefunden, es ist unser Muskelgewebe. Und wo ist seine »Mündung«? Denn wenn die Absonderung von CO_2 größer ist als seine Produktion, wird der Fluss unweigerlich austrocknen. Die Mündung ist, wie wir bereits wissen, unsere Lunge. Hier wird die Absonderung von Kohlendioxid aus dem Organismus geregelt. Sie wird automatisch reguliert von unserem Unterbewusstsein, welches pausenlos Informationen aus unseren Körperzellen erhält. Dies verläuft so lange unmerklich, bis die CO_2-Konzentration nachlässt. Worin sich das äußert, wissen Sie schon: in den Krämpfen der Bronchien.

Das heißt, wir müssen darauf achten, die Sache nicht bis an die kritische Grenze kommen zu lassen, und vieles, wenn nicht alles, hängt hier von der Frequenz und der Tiefe der Atmung ab. Je geringer die Frequenz ist, umso sparsamer wird das Co_2 verausgabt: Dabei hat die Dauer der Ausatmung eine besondere Bedeutung: Bei kurzem, heftigem Ausatmen steigt die ausgeatmete CO_2-Menge an, darum sollte das Ausatmen etwas länger sein als das Einatmen.

Aber davon wird die Menge der Atemzyklen beim modernen künstlichen Menschen nicht weniger. Es gibt nur einen Ausweg: eine natürliche, von der Natur vorgeschriebene Lebensweise. Diese bringt unmerklich Ihre Atmung in Ordnung und reduziert sie auf vier bis sechs Zyklen pro Minute, außerdem harmonisiert sie alle anderen Prozesse des Organismus. Und wenn Sie an Bronchialasthma erkrankt sind, dann rate ich Ihnen dringend, so schnell wie möglich die Stadt zu verlassen, denn dort ist die Luft einfach zu schlecht. Nehmen Sie sich Zeit für körperliche Übungen, gehen Sie, laufen Sie, machen Sie Atemübugen. Wer nicht auf seine Stadtwohnung verzichten will, sollte um 5 Uhr aufstehen und dahin fahren, wo es Wald und einen Fluss oder See gibt, um zu laufen, im Sommer zu baden und sich im Winter mit Schnee abzureiben, um dann neu geboren zur Arbeit zurückzukehren. Und natürlich sollte er auf artgerechte Ernährung umsteigen. Dann wird ihm sofort leichter.

Diszplin und Ausdauer

Nun haben Sie das Wichtigste über den Prozess der Atmung erfahren, über seine Komplexität und Vielseitigkeit. Erst dadurch bekommen die folgenden Empfehlungen einen Sinn. Ich schränke gleich ein: Ich wende mich nicht an jene, die gerade ein Kilo Wurst gekauft und »gut gegessen« haben, sodass sie nicht vom Stuhl aufstehen können und sich mit dem Gedanken quälen, ob sie ein Stündchen dösen oder »wissenschaftlich« atmen sollen. Denen rate ich: Schließen Sie mein Buch, und ich wünsche Ihnen einen ruhigen Schlaf. Wobei ich nicht überzeugt bin, dass er ruhig sein wird.

Ich wende mich an die Menschen, die wirklich gesund sein wollen und bereit sind, von den guten Absichten und Worten zu Taten zu schreiten. Ich möchte nochmals daran erinnern, dass das System der natürlichen Gesundung seinen maximalen Effekt dann erreicht, wenn man wirklich alle seine Empfehlungen befolgt. So wie ein Zahnrad nicht den Mechanismus einer Uhr ersetzen kann, so ist auch eine richtige, natürliche Atmung nicht denkbar ohne eine natürliche, artgerechte Ernährung, ohne aktive harmonische Bewegungen, Abhärtung und die entsprechende Denkweise.

Beachten Sie, dass die Atemübungen kein Modell für ein richtiges Atmen sind. Sie sind dafür da, um das Programm der automatischen Steuerung der Atmung in unserem Unterbewusstsein zu korrigieren und »Programmfehler« auszugleichen, welche unter dem Einfluss einer widernatürlichen Lebensweise entstanden sind.

Meine mehr als 40-jährige Erfahrung in der praktischen Anwendung des Systems der natürlichen Gesundung zeugt davon, dass die Atemtherapie ein sehr effektives Mittel zur Behandlung der unterschiedlichsten Krankheiten ist. Aber ich habe sie niemals als eine akute medizinische Hilfe verstanden, an die man sich erst erinnert, wenn irgendetwas wehtut – obwohl ich die kranken Menschen durchaus verstehen kann, die ihre Hoffnungen, geheilt zu werden, auf die Atemtherapie richten.

Die richtige Atmung eröffnet, wie auch die anderen Elemente des Systems der natürlichen Gesundung, große Möglichkeiten für die Bewahrung der Gesundheit und für Langlebigkeit. Wenn wir die Fähigkeit des Organismus zur Selbstregulierung wieder hergestellt haben, indem wir sein Immunsystem aktiviert haben, versperren wir den Krankheiten den Weg. Deshalb ist in meiner Vorstellung die Medizin der Zukunft eine Medizin, die dem Menschen die Möglichkeit zu erkranken nimmt. Und für einen ihrer unverzichtbaren Bestandteile halte ich die richtige Atmung.

Auf der Grundlage des vorliegenden theoretischen und meines Erfahrungsmaterials ist es mir gelungen, im System der natürlichen Gesundung eine eigene Sichtweise der Atmung zu entwickeln. Einen besonderen Platz nimmt darin die Rolle der eingeatmeten Luft ein, nicht nur unter dem Gesichtspunkt des Verhältnisses zwischen dem Sauerstoff und den anderen Gasen, sondern auch unter dem Aspekt der Lebensenergie in der Luft, die von den indischen Yogis »Prana« genannt wird. Bei der Atmung wird großes Augenmerk auf das »Pranayama« gerichtet: »Yama« bedeutet »Kontrolle«, und Pranayama wird daher übersetzt mit »Kontrolle der Lebensmagie«. Wir besitzen die Fähigkeit, bewusst und durch Willensanstrengung die Energieströme in bestimmte Teile und Organe unseres Körpers zu lenken.

Somit ist die Atmung nicht nur eine automatische, sondern auch eine bewusst steuerbare Funktion. Dies ist wichtig zu wissen, denn der Automatismus der Atmung, der bei den meisten aus dem Gleichgewicht geraten ist, muss korrigiert werden. Und das erfordert vom Menschen eine bewusste Entscheidung und keine geringen Willensanstrengungen.

Bevor man mit den Atemübungen beginnt, sollte man sich klare Ziele und Aufgaben setzen. Das Hauptziel und die Hauptaufgabe sind es, die Gesundheit wiederzufinden. Dabei sollte man sich darüber im Klaren sein, dass der Erfolg weder schnell noch leicht kommen wird. Das Hauptprinzip des Atemunterrichts ist eine ständige und unaufhaltsame Bewegung nach vorne. Die meisten Anfänger verlieren schon bald ihren Enthusiasmus. Dieser Mangel an Ausdauer hat zwei Gründe: mangelndes Vertrauen in die Atemtherapie selbst und das Fehlen eines klaren Zieles bei der Ausführung der Atemübungen. Das Ziel sollte real und erreichbar sein, und man sollte einzelne kleine Etappen festlegen. Um sich zu disziplinieren und den Effekt der Übungen zu verstärken, sollte man von vornherein die Zeit festlegen, wann man die Übungen durchführen kann – am besten immer zur gleichen Tageszeit.

Es gibt zwei Typen der Atmung: eine gewöhnliche, natürliche und eine sehr künstliche, die große Atemverzögerungen und eine Reihe anderer komplexer Elemente beinhaltet. Beginnen sollte man mit der Pflege der natürlichen Atmung, und zwar ganz bewusst und unter Berücksichtigung der anatomischen Besonderheiten unseres Atmungsapparats. Man sollte beispielsweise auch nicht vergessen, dass unsere Nasenhöhle relativ kompliziert gebaut ist. Die Nasenscheidewand teilt sie in zwei Hälften, von denen jede für sich genommen aus drei Kanälen besteht: Der untere Kanal ist für das Ausatmen bestimmt, der mittlere für die Verbindung mit Stirnhöhle, Gehörgang und Kieferhöhle und der obere für das Einatmen.

Eine besondere Bedeutung hat die Bauchatmung, welche – im Zusammenwirken mit der Brustatmung – ein untrennbares Element der bewussten natürlichen Atmung und der ihr sehr ähnlichen rhythmischen Yoga-Atmung ist. Diese Atmung wird in verschiedenen Büchern über Hatha-Yoga ausführlich beschrieben. Sogar Berühmtheiten wie der Geiger Yehudi Menuhin bedienten sich dieser Technik. Menuhin erklärte einmal, dass er seine Meisterschaft niemals ohne die rhythmische Atmung der Yogis erlangt hätte.

Ich möchte nochmals daran erinnern, dass im Rahmen des Systems der natürlichen Gesundung der energetische

Aspekt der eingeatmeten Luft eine entscheidende Bedeutung hat. Deshalb sollte man die Atemübungen am richtigen Ort machen: z.B. im Wald, an einem Flussufer, an einem See oder in einem Stadtpark in den frühen Morgenstunden.

Um die Übungen auszuführen, die in diesem Buch vorgeschlagen werden, sollte der Leser die Praxis des dynamischen autogenen Trainings beherrschen. Nur dann erwirbt er die Möglichkeit, bewusst die Bewegung der Energie in seinem Körper zu fühlen (mehr dazu im Kapitel »Bewusstsein und Unterbewusstsein harmonisch verbinden«).

Denen, die mit diesem Training nicht vertraut sind, empfehle ich, mit einer einfachen Übung zu beginnen: Atmen Sie ein und versuchen Sie, die Luft gedanklich zu verteilen, sagen wir in die Beine. Sie werden fühlen, wie ein Strom von Lebenskraft dorthin fließt. Atmen Sie aus, und wiederholen Sie das Ganze mit den Armen.

Wenn es beim ersten Mal nicht gelingt, dann suggerieren Sie sich dieses Gefühl – »denken« Sie es: »Der Atem fließt durch den Bauch, das Bein hinunter bis in die Zehenspitzen.« Wenn es nicht gleich gelingt, dürfen Sie nicht enttäuscht sein. Es kann zwei Gründe dafür geben: Entweder ist Ihr Organismus von degenerierten Geweben »versumpft«, oder Sie sind bis dahin einfach noch nicht auf die Idee gekommen, sich in den Zustand des eigenen Organismus »einzuhören« und ihn zu studieren. Haben Sie Geduld. Schon nach wenigen Versuchen wird es funktionieren.

Jetzt, wo Sie sich vorstellen können, welchen Stellenwert die Atmung in unserem Leben hat, möchte ich Sie enttäuschen. Das, was sie hier darüber erfahren haben, ist nur ein unendlich kleiner Teil des Wissens, das von der Menschheit in Jahrhunderten gesammelt wurde. Neben den schriftlichen Aufzeichnungen wurde dieses Wissen im Gedächtnis der Menschen gespeichert, von Generation zu Generation und von Lehrer zu Schüler weitergegeben. Man ging – nicht ohne Grund – davon aus, dass sich einige komplizierte Atemübungen nur von Lehrer zu Schüler weitergeben lassen. Auch ich habe solch eine »Lehre« absolviert, und bis heute bewahre ich eine dankbare Erinnerung an meinen Meister. Anfänglich lehrte ich das System der natürlichen Gesundung ebenfalls im individuellen Unterricht. Aber mit der Zeit wurde mir klar, dass auch der Unterricht mit großen Gruppen Erfolge bringen kann, die die optimistischsten Erwartungen übertreffen. Hier helfen das Umfeld, die gemeinsame Einstellung, der gute Wille und die Harmonie, welche beim Zusammentreffen von Gleichgesinnten entstehen. Dies kann ich aus voller Überzeugung sagen, denn ich habe sehr viel Erfahrung gesammelt, z.B. bei der Organisation von Gesundheitsschulen oder Rehabilitationszentren, bei denen Hunderte von Menschen gleichzeitig lernen, nach den Gesetzen der Natur zu leben.

Lernen Sie richtig atmen

Eine bewusste Kontrolle über die Verteilung der Energie, welche zusammen mit der Atemluft in den Organismus eintritt, erlaubt Ihnen zu verfolgen, wie diese beim Einatmen an der Wirbelsäule (am hinteren Mittelkanal) entlang absinkt und beim Ausatmen an der vor-

Abb. 1

Abb. 2

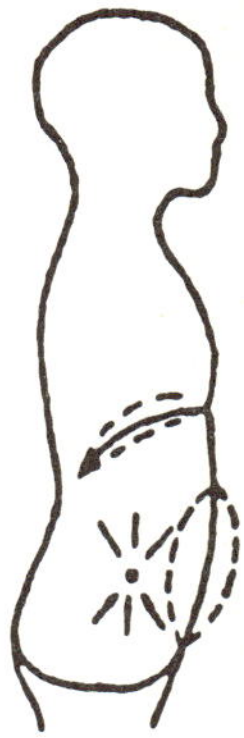

Abb. 3

deren Bauchwand (dem vorderen Mittelkanal) aufsteigt (Abb. 1).

Äußerst nützlich ist auch die paradoxe Atmung, wo die Luft am vorderen Mittelkanal absinkt und am hinteren Mittelkanal aufsteigt (Abb. 2).

Die effektivste Atemübung für Gesundung und Langlebigkeit ist die Atmung im unteren Drittel des Bauches. Für uns Europäer ist sie sehr fremd. Für die Bewohner des Ostens dagegen, die gewöhnt sind, auf dem Boden zu sitzen – die Beine im Lotossitz gekreuzt oder auf den Fersen –, ist diese Übung natürlicher. Ihr Wert liegt darin, dass sie den Blutkreislauf aktiviert. Allerdings ist die Atmung mit dem Unterbauch sehr schwierig – praktisch das Niveau eines Meisters. Dazu braucht es langes Training, man muss verschiedene Positionen beherrschen und die Energie der Atmung konzentrieren und kontrollieren können.

Besonders wichtig ist es zu wissen, dass das energetische Zentrum unseres Körpers vier Zentimeter unter

Abb. 4

Abb. 5

Abb. 6

dem Bauchnabel liegt (Abb. 3). Wenn der Mensch mit dem Unterbauch atmet, befindet er sich in einer ausgesprochen günstigen Position zur Aktivierung des Zwerchfells. Auf der Zeichnung ist das gut zu sehen.

Die Atemübungen können in jeder beliebigen Position ausgeführt werden: stehend, sitzend oder liegend. Sie sind alle gleichwertig, obwohl jede Position ihre Besonderheiten hat. Welche von ihnen Sie wählen, hängt von Ihrem Gesundheitszustand ab. Starke, energische Menschen ziehen die stehende Position vor, schwächere die sitzende und sehr schwache die liegende.

Die stehende Position hat allerdings auch Vorzüge, welche sie für viele zur ersten Wahl macht. Wenn Sie die Übung beispielsweise irgendwo in der Natur machen, haben Sie in der Regel weder einen Stuhl noch eine passende Unterlage zur Verfügung. In der stehenden Position wird das System des Blutkreislaufs nicht behindert, die Atmung kann gut die Bauchhöhle massieren. Bei dieser Position kann man auch die Atmung durch zusätzliche Bewegungen begleiten.

Es gibt einige Basisformen für diese Position. Man kann zum Beispiel einfach stehend atmen, im entspannten Zustand, wie auf Abb. 4. Die Atmung für diese und alle anderen Übungen ist eine volle, rhythmische. Die Übung wird barfuß durchgeführt, wie sämtliche Atemübungen.

Aber am effektivsten ist die stehende Position mit einer energetischen Komponente bzw. in der Form der drei Kreise (Abb. 5). Ziel dieser Übung ist es, die Muskeln von Füßen, Beinen, Kreuzbein, Rücken, Armen und Händen zu stärken. Stellen Sie die Beine etwa in Schulterbreite, die Knie etwas eingeknickt. Jetzt stellen Sie sich vor, dass Sie mit Unterschenkeln und Knien einen großen Reifen oder Ball umfassen. Hauptsache dabei ist, dass diese Position für Sie natürlich und bequem ist. Wenn es Ihnen also nicht gelingt, mit den Beinen die Form eines Kreises zu bilden, achten Sie nicht darauf. Viel schlimmer ist es, wenn die Position verspannt ist.

Die Hände sind auf Schulterhöhe angehoben, die Ellenbogen gekrümmt. Stellen Sie sich vor, dass Sie dazwischen leicht und frei einen großen Ball halten. Die Handflächen sind gekrümmt, die Finger leicht gespreizt, als hielten Sie damit einen kleineren Ball fest. Dabei soll der Abstand zwischen den Handflächen ungefähr der Breite unseres Gesichts entsprechen. Der Rücken soll gerade sein, aber nicht verspannt. Halten Sie das Gleichgewicht, der Schwerpunkt liegt auf den weichen, nicht angespannten Fersen. Diese Haltung ist sehr wichtig, weil sie die Widerstandsfähigkeit entwickelt und dem Organismus einen äußerst mächtigen energetischen Schub verschafft. Sie ist auch für die Beseitigung jeglicher unnatürlicher Verkrümmungen des Rückgrats geeignet, sie normalisiert den Blutdruck und beruhigt angespannte Nerven.

Schließen Sie die Augen halb und blicken Sie in einem Winkel von 45 Grad nach unten, ohne den Kopf zu senken. Die halb geschlossenen Augen sind der optimale Weg zur Konzentration und Beruhigung des Gehirns, zu emotionaler Ruhe.

Der Wert dieser Haltung besteht auch darin, dass sie die Energie bis in die Finger- und Zehenkuppen fließen lässt und es erlaubt, die Energie bei jedem Einatmen im energetischen Zentrum zu konzentrieren, dessen Position Sie aus Abb. 3 kennen.

Anfänger halten die Position mindestens drei bis fünf Minuten, aber nicht länger als zehn Minuten. Mit der Zeit wird es Ihnen möglich sein, die Übung zweimal täglich je 30 Minuten durchzuführen, morgens und abends. Aber dahin gelangen Sie langsam, Schritt für Schritt. Lassen Sie sich Zeit und überanstrengen Sie sich nicht.

Die sitzende Position auf dem Stuhl kann sehr produktiv sein für die passive wie auch für die aktive Form der Atemübungen. Dabei ist es besonders wichtig, auf die korrekte Grundposition des Körpers zu achten: Zwischen Ober- und Unterschenkel sollte ein rechter Winkel sein (Abb. 6). Der Rücken ist gerade, nicht angespannt, die Hände liegen auf den Oberschenkeln mit dem Daumen nach innen. Den Kopf halten Sie gerade und ruhig. Die Atmung ist voll und rhythmisch.

Diese Position kann für viele Atemübungen verwendet

werden. Ich beschreibe hier eine Übung, bei der die Atmung von einer hängenden, entspannten Bewegung der Hände begleitet wird: Beim Einatmen heben sich die Hände langsam im Atemrhythmus etwa auf Schulterhöhe (Abb. 7). Beim Ausatmen senken sie sich ebenso langsam in die Ausgangslage (Abb. 8). Dabei bewegen sich die Hände beim Einatmen etwas anders als beim Ausatmen, wie auf den Abbildungen gut zu erkennen ist: Beim Ausatmen sind sie gleichsam halb offen, beim Einatmen werden sie willenlos hängen gelassen.

Für die liegende Position legt man sich auf eine harte hölzerne Unterlage mit einer leichten Decke, aber ohne Kissen. Bei Bedarf können Sie ein kleines, hartes Kissen unter den Kopf legen, damit er nicht zurückfällt. Die Handflächen liegen am Boden. In dieser Position können Sie sich völlig entspannen und eine vollständig rhythmische Atmung erreichen. Wenn es im Zimmer kühl ist,

Abb. 7

Abb. 8

können Sie Wollsocken anziehen und sich mit einer leichten Decke zudecken.

Zur Selbstkontrolle wird eine Hand auf den Bauch gelegt, die andere auf die Brust, so können Sie die Bauch- und Brustatmung regulieren (Abb. 10).

Auch in der Seitenlage (Abb. 11) kann man sich wunderbar erholen und entspannen. Zur Selbstkontrolle der Atmung legen Sie die rechte Hand auf den Bauch und die linke auf die Brust (Abb. 12).

Man liegt mit halb geschlossenen Augen, sonst könnte man einschlafen. Wenn Sie in der Nasenhöhle überflüssigen Schleim haben und mit einem Nasenloch nicht atmen können, legen Sie sich mit dem freien Loch nach unten, und das verschlossene Loch wird aufgehen. Menschen mit Herzleiden sollten sich nur auf die rechte Seite legen und keinesfalls auf die linke. Wenn Sie nach dem Essen ein Völlegefühl haben, legen Sie sich auf die rechte Seite.

Neben den stehenden, sitzenden und liegenden Positionen sind Atemübungen beim Gehen und Laufen äußerst nützlich. Besonders häufig wende ich die Atemtherapie im Gehen zur Behandlung von chronischen Erkrankungen an. Beim Gehen sind Rumpf und Kopf aufrecht, aber nicht angespannt. Die Arme sind entspannt, in den Ellbogen gebeugt, sie bewegen sich natürlich und frei (Abb. 13).

Ein äußerst wichtiges Element der Atemtherapie ist die Kontrolle des Einatmens und Ausatmens. Die Atmung sollte äußerst ruhig und gleichmäßig sein. Beim Gehen darf man auf keinen Fall seinen Organismus durch das Anhalten des Atems überlasten. Der ganze Sinn der Übung besteht darin, dass das Ausatmen um

Abb. 10

Abb. 11

Abb. 12

Abb. 13

Abb. 14

zwei Schritte länger ist als das Einatmen. Wenn das Einatmen z.B. über vier Schritte geht, so geht das Ausatmen über sechs Schritte. Atmet man acht Schritte lang ein, so geht das Ausatmen über zehn Schritte. Wie ich festgestellt habe, kann das äußerste Ergebnis 18 Schritte zum Einatmen und 20 zum Ausatmen sein. Aber entwickeln Sie Ihr eigenes Tempo. Versuchen Sie auf keinen Fall, dieses Ergebnis künstlich zu erreichen. Für den Anfang legen Sie für sich fest, wie viele Schritte Sie beim Ausatmen machen können. Wenn Sie auf acht kommen, so atmen Sie zu sechs Schritten ein.

Den verhältnismäßig gesunden Menschen schlage ich vor, den Zustand ihres Organismus über die Kontrolle der Atmung beim Laufen zu beobachten. Bei einem Gesundungslauf ist der Organismus entspannt, in lockerer Haltung, mit entspanntem Gesicht, entspannten Armen, ein wenig eingeknickten Beinen und weichen Schritten (Abb. 14). Diese Haltung ist am effektivsten in der Dynamik des autogenen Trainings. Was nun die Atmung angeht, so sollte das Ausatmen eineinhalb- bis zweimal länger als das Einatmen dauern. Dann muss man auch keinen Puls zählen. Sobald das Ausatmen kürzer als das Einatmen wird, ist es für den Organismus das Signal, die Bewegung zu verlangsamen, eventuell zum Lauf im Stand überzugehen, bis sich das Ausatmen normalisiert.

Bei intensivem Lauf ist es zulässig, dass das Ausatmen gleich lang wie das Einatmen ist. Dabei sollte man nur durch die Nase atmen.

Im System der natürlichen Gesundung nimmt neben der Lungenatmung die Hautatmung einen wichtigen Platz ein. Ohne sie kann der Mensch überhaupt nicht existieren, und umgekehrt wird er mit einer guten Hautatmung erstaunlich gesund und stark. Dabei gibt es zwei wichtige Bedingungen: Erstens muss Ihre Haut immer sauber sein. Sehr hilfreich sind hier das Schwitzbad bzw.

Abb. 15

Abb. 16

die Sauna und tägliches Waschen. Zweitens ist es notwendig zu lernen, sich vollständig zu entspannen. Dies erreichen Sie mithilfe des autogenen Trainings.

Mit der folgenden Übung können Sie die Hautatmung aktiv »einschalten«.

Stellen Sie Ihre Füße etwa in Schulterbreite auf, die Hände strecken Sie zur Seite (Abb. 15), Rumpf und Kopf halten Sie gerade. Dann entspannen Sie sich vollständig. Nachdem Sie die Arme noch mehr ausgebreitet haben, machen Sie sozusagen einen Schritt der heilsamen, mit Energie getränkten Luft entgegen (Abb. 16). Und in vollständiger Entspannung, nur die Nasenflügel beben ein wenig, vertiefen Sie sich in eine leichte Wolke des Einatmens durch die Haut am ganzen Körper. Bleiben Sie für einige Zeit in einer Empfindung des Fluges und beginnen dann das Ausatmen durch die Haut. Dabei lassen Sie Ihre Arme und Schultern sinken, die Fußspitze ist angehoben (Abb. 17). Sie sind völlig entspannt und haben ein Gefühl der Glückseligkeit.

Es ist zu beachten, dass bei allen Übungen die vollständig rhythmische Atmung Nebenwirkungen auslösen kann, besonders bei stark reizbaren Menschen oder bei solchen mit hohem Blutdruck. Ihnen empfehle ich, die sitzende Übung mit Armbewegungen durchzuführen (vgl. Abb. 7 und 8), sie ist äußerst beruhigend. Bei den leisteten Anzeichen von Reizbarkeit sollten sie die jeweilige Übung unterbrechen und zu der sitzenden Übung wechseln.

Manche Menschen empfinden selbst ein einfaches Anhalten des Atems beim Einatmen und vor allem beim Ausatmen als spontane Krampfreaktion. Das ruft einen erhöhten Blutdruck hervor und eine Übererregung des zentralen Nervensystems, was nicht nur zu Schlaflosig-

Abb. 17

Abb. 18

keit führen, sondern noch unliebsamere Folgen haben kann. Das sollten alle Menschen bedenken, die an Neurasthenie oder Bluthochdruck leiden. Sie sollten das Anhalten des Atems nach dem Ausatmen vermeiden und einfach einatmen, die Luft nach dem Einatmen anhalten und dann ausatmen.

Eine vollständig rhythmische Atmung unterstützt die Klarheit des Denkens und die Konzentration, sie befähigt den Menschen, seine ganze Aufmerksamkeit auf ein Objekt oder eine Beschäftigung zu konzentrieren, sei es nun Lesen, Kopfrechnen oder jede andere Form intellektueller Tätigkeit.

Für das Training der Konzentration empfehle ich die erste Übung aus dem Mazdaznan-System.

Setzen Sie sich mit dem Rücken zum Licht auf einen Stuhl, der direkt vor einer Wand steht. Die Beine sind rechtwinkelig gebeugt, die Fersen platzieren Sie in einem Abstand von sieben Zentimetern. Die Füße bilden einen Winkel von 90 Grad (Abb. 18). Die Handflächen legen Sie mit den Daumen nach innen auf die Oberschenkel. Die Haltung der Finger ist in dieser Übung von großer Bedeutung, richten Sie sich deshalb genau nach der Zeichnung. Die Augen sind halb geschlossen und blicken auf einen kleinen Kreis, den Sie vorher aus Papier ausgeschnitten und in Augenhöhe an die Wand geklebt haben. Der Kreis sollte eine weiche, neutrale Farbe haben und einen Durchmesser von etwa drei Zentimetern.

Stellen Sie zwischen dem Kreis und den Augen quasi eine unsichtbare Verbindung her, sodass sich Ihr Geist in den Zustand der konzentrierten inneren Betrachtung vertieft.

Wenn Sie bei der Durchführung der Übung irgendwelche Visionen oder Halluzinationen haben, unterbrechen Sie sie augenblicklich. Damit das nicht eintritt, versuchen Sie niemals, in dem Kreis etwas zu sehen, was dort nicht ist. Sie brauchen ihn ausschließlich dafür, um sich von der Umgebung abzusondern.

Die Atmung muss bei dieser Übung oberflächlich und leicht sein. Beim Einatmen zählen Sie bis drei, ebenso lange halten Sie den Atem an, atmen dann ebenso lange aus und halten ihn wieder ebenso lange an. Die Übung besteht aus zwölf solcher Zyklen. Es empfiehlt sich, sie mehrmals täglich zu jeweils derselben Zeit zu wiederholen. Am besten um 6 Uhr morgens, um 12 Uhr mittags, um 6 Uhr abends und um 12 Uhr Mitternacht.

Wenn Sie die Übung regelmäßig machen, wird sie Ihnen helfen, sich von hektischen Gedanken frei zu machen.

4

Die Begleiter der Gesundheit: Bewegung und Abhärtung

Die »wundersame« Heilung der Svetlana Kruglikova

Wie Sie sich erinnern, habe ich im ersten Kapitel betont, dass es sich bei der natürlichen Gesundung um ein »System« handelt. Das ist kein Zufall. Wie schon mehrfach betont, ist unser Körper nichts anders als ein hochkompliziertes, sich selbst regulierendes und sich selbst instandhaltendes System. Das einfachste Beispiel für die Selbstregulierung ist der Pulsschlag: Wenn Sie zuerst gehen und dann zu laufen beginnen, beginnt Ihr Herz sofort häufiger zu schlagen. Auf die Veränderung des Bewegungsrhythmus reagiert nicht nur das Kreislaufsystem, sondern auch die Atmung, der Stütz- und Bewegungsapparat, und in jeder Zelle wird der Zellstoffwechsel aktiviert. Und jetzt stellen Sie sich vor, dass eines dieser Systeme unseres Organismus mit den anderen im Streit liegt. Das ruft unvermeidlich eine Kettenreaktion von »Bruchstellen« hervor, was sich schließlich in Form der einen oder anderen Krankheit äußert oder gar in einem ganzen »Bündel« davon.

Ich komme nicht umhin, mich in diesem Zusammenhang an eine meiner Patientinnen, die Ozeanologin Svetlana Kruglikova zu erinnern. Mit 45 waren auf ihrer Patientenkarte mehr als ein Dutzend chronischer Erkrankungen eingetragen. Darunter asthmatische Bronchitis und Osteochondrose, Gürtelrose und Pankreatitis, Magengeschwür und Bluthochdruck, Kolitis und Gastristis und viele andere. Tabletten schluckte sie in rauen Mengen, und so bekam sie noch eine Medikamentenallergie als Draufgabe. Aber ihre Gesundheit wurde nicht besser, sondern immer schlechter. Man kann sich nur wundern, wie sie überhaupt noch leben konnte. In der Arbeit war sie gerade so häufig, dass sie nicht in Frührente geschickt wurde. Schließlich entdeckte man bei ihr eine rasch wachsende Geschwulst in der Bauchhöhle. Sie sollte schnellstens operiert werden, aber in diesem Zustand war das unmöglich – der Organismus hätte es nicht überstanden. Ihre Ärzte baten mich, die Kruglikova wenigstens so weit gesund zu machen, dass man die Geschwulst entfernen konnte.

Unsere erste Begegnung fand Anfang 1982 statt. Meine Empfehlungen waren einfach: keine Medikamente, in welcher Form auch immer, kein Fleisch, keinen Fisch, kein Salz, keinen Zucker, kein Brot, keine Butter, keine Süßigkeiten. Den Tag hatte sie mit zweistündiger Gymnastik, mit Gehen oder besser noch Laufen sowie mit Abhärtungsübungen zu beginnen. Die Kruglikova erfüllte bedingungslos alle Vorschriften, und nach eineinhalb bis zwei Monaten veränderte sich ihr Befinden grundlegend: Die Krankheitssyptome verschwanden nach und nach, und die Geschwulst begann sich zu verkleinern, sodass eine Operation überflüssig wurde. Heute hat die Kruglikova den Weg zu den Ärzten total vergessen. Sie war inzwischen auf mehreren monatelangen ozeanologischen Expeditionen. Es kam vor, dass die komplette Mannschaft erkältet war, aber ihr ging es blendend.

Wie ist diese »wundersame« Heilung zu erklären? Ich habe das Wort in Anführungszeichen gesetzt, weil es nur einem Menschen wundersam erscheinen kann, der seinen Organismus schlecht kennt. In Wirklichkeit liegt alles an uns, an unserer Bereitschaft, den Weisungen der Natur zu folgen. Wobei es nicht um einzelne Weisungen geht, zum Beispiel um den Verzicht auf lieb gewonnene Gewohnheiten oder ein bestimmtes Nahrungsmittel, sondern um alles zusammen im Komplex, im System. Ansonsten fänden Sie sich plötzlich in der Situation eines Pianisten, der ein Stück auf einem Klavier spielen will, auf dem ein Klavierstimmer nur einen »ausgewählten« Teil der Saiten gespannt hat.

Der Wert des Systems der natürlichen Gesundung besteht gerade darin, dass es uns ermöglicht, sämtliche Saiten unseres Organismus zu spannen. Dafür muss man nur die Bedingungen herstellen, unter denen sich der Organismus unserer fernen Vorfahren herausgebildet hat. Dann kann man jene Eigenschaften fördern und entwickeln, welche sich zumindest in Keimform bis auf den heutigen Tag erhalten haben, und gleichzeitig die übrigen Eigenschaften neu erwerben, welche unter dem Einfluss der modernen Zivilisation verloren gegangen sind. Das heißt nicht, dass wir uns ab morgen von den Errungenschaften des menschlichen Geistes verabschieden und in die Wälder ziehen sollten, um uns von Beeren, Wurzeln und Früchten zu ernähren. Aber die Verluste, welche uns die Zivilisation beigebracht hat, indem sie unser

Bewusstsein deformierte, die natürliche Nahrung durch künstliche ersetzte, unsere physischen Belastungen einschränkte und uns von den Launen des Wetters isolierte, müssen wir unbedingt ausgleichen. Dazu brauchen wir Methoden, die die lebenswichtigen Funktionen unseres Organismus optimieren. Was das in der Praxis für die Ernährung und die Atmung bedeutet, wissen Sie bereits. Jetzt wollen wir darüber sprechen, wie wir die Adaptionsmöglichkeiten des Menschen auf dem Gebiet der Bewegung und der Wärmeregulation mobilisieren können.

Dazu muss ich zunächst erläutern, was man unter »Adaptionsmöglichkeiten« versteht. Der Begriff »Adaption« kommt aus dem Lateinischen und bedeutet »Anpassung«. In der Biologie bezeichnet man damit die Anpassung von Organismen an ihre Existenzbedingungen. In der Physiologie und Medizin bedeutet der Begriff außerdem »Gewöhnung«. Wenn man diese beiden Bedeutungen vergleicht, wird deutlich, dass zwischen ihnen – bezogen auf den Menschen – ein Graben liegt. Biologisch gesehen ist der Mensch bzw. sein Organismus mit seinen Funktionen an die Lebensweise seiner Urahnen angepasst. Physiologisch gesehen hat sich der Organismus lediglich an die Bedingungen der modernen künstlichen Zivilisation gewöhnt. Die Medizin ist damit beschäftigt, eine schwankende Brücke über den Graben zu legen, der die biologische und die physiologische Adaption trennt. Unter uns gesagt, ist das nicht nur eine undankbare, sondern auch eine sinnlose Aufgabe.

Wenn ich also die Aufrufe höre, genug Mittel für die Verbesserung der medizinischen Versorgung bereitzustellen, drängt sich mir die Frage auf: Worin soll sich eine solche Verbesserung ausdrücken? Darin, dass die Kranken nicht mehr in den Gängen liegen, sondern in Zimmern mit einem oder zwei Menschen? Darin, dass es in den Apotheken mehr Medikamente gibt, welche ein Loch stopfen und das nächste aufreißen? Dass die Schlangen in den Wartezimmern kürzer werden? Vielleicht erhöht das unser Prestige, und wir werden nicht mehr wie Wilde aussehen, die sich in die zivilisierte Welt eingeschlichen haben. Ich zweifle nicht daran, dass den Kranken davon leichter wird. Aber können solche Halbmaßnahmen das Problem der Gesundheit der Bevölkerung insgesamt lösen? Auch wenn ich damit den Hass von vielen auf mich ziehe, behaupte ich, dass das zwar der kürzeste Weg ist, die Popularität des einen oder anderen Politikers zu erhöhen, nicht aber ein Weg, um den Menschen ein längeres Leben in Gesundheit zu gewährleisten.

Die außer Kontrolle geratene Zivilisation verstümmelt sowohl die Natur als auch uns. Und wir geben uns damit zufrieden, dass wir um mehr Mittel für die Produktion von Jod zum Beträufeln der uns selbst geschlagenen Wunden bitten.

Leben ist Bewegung

Auf die Frage, welches Verkehrsmittel ich für das beste halte, würde ich ohne Zögern antworten: den Hundeschlitten. Und das aus dem einfachen Grund, dass der »Kutscher« zuweilen häufiger neben dem Schlitten herlaufen muss, als er auf ihm zu sitzen kommt.

Er bewegt sich, also lebt er, weil die Bewegung die unabdingbare Eigenschaft alles Lebenden ist. Ich habe schon darüber gesprochen, dass ich zwischen zwei Formen der Bewegung unterscheide: zwischen der äußeren Bewegung, deren Sinn die Bewegung unseres Körpers im Raum ist, und der inneren Bewegung, die sowohl für das Funktionieren des Organismus sorgt als auch für die Energieversorgung des Muskelgewebes, welche wir für unsere äußere Fortbewegung brauchen.

Die äußere Bewegung wird in hohem Maße von unserem Bewusstsein gesteuert, die innere regelt gewöhnlich unser Unterbewusstsein. Doch auf der höchsten Stufe der intellektuellen und physischen Entwicklung erwirbt der Mensch die Fähigkeit, sein Bewusstsein mit dem Unterbewusstsein zu koordinieren. Beide Bewegungsarten sind voneinander nicht zu trennen. Sie sind zwei Seiten eines Prozesses.

Im System der natürlichen Gesundung ist die Bewegung nicht weniger wichtig als die artgerechte Ernährung, die richtige Atmung und die Abhärtung. Und wenn man mich fragt, womit man beginnen soll, um zu einer natürlichen Lebensweise zu gelangen, so antworte ich: mit allem gleichzeitig. Also: mit der Korrektur der Ernährungsgewohnheiten, der Optimierung der Atmung mithilfe von Atemübungen, mit der psychologischen Einstellung und mit aktiver Bewegung. Ziehen Sie einen leichten, bequemen Sportanzug an und laufen Sie los! Wenn Sie nicht laufen können, dann gehen Sie. Wenn Sie keine Kraft zum Gehen haben, dann kriechen Sie. Aber bewegen Sie sich, damit Ihr Energiezentrum einen Anstoss bekommt, vollwertig zu arbeiten, damit alle Prozesse, die den Organismus in Gang halten, aktiv und in optimaler Form verlaufen.

Eine bessere Art der Bewegung als das Laufen kenne ich nicht. Aber auch das Laufen kann unterschiedlich sein. Es ist in der Lage, Ihnen Wohlbefinden und eine muntere Stimmung zu vermitteln, aber es kann auch genau die gegenteilige Wirkung haben. Darum ist es wichtig, wie man läuft. Wenn Sie sich nur auf die absolvierten Runden oder die zurückgelegten Kilometer konzentrierten, weil Sie es als Ihr Hauptziel ansehen, den Widerstand Ihres Organismus zu überwinden und ihn zu zwingen, unter ständig wachsenden Belastungen zu arbeiten, werden Sie angespannt und verkrampft laufen. Dies bringt Ihnen nichts als Schaden und eine Verschlimmerung Ihrer Krankheiten.

Man muss leicht laufen, frei, man muss all seine Muskeln befreien. Vertrauen Sie sich Ihrem Körper an, er weiß, was er braucht. Aber das heißt nicht, dass Sie ihm nicht helfen sollen. Die Frage ist nur, wie. Hier sollte man darauf achten, dass die Hilfe nicht zur Behinderung wird. Das dynamische autogene Training, das die eigentliche Grundlage meiner Methode der Bewegung darstellt, unterstützt Sie dabei. Denn hier sind alle Muskeln entspannt, außer denen, die im Augenblick gebraucht werden (mehr dazu im Kapitel »Bewusstsein und Unterbewusstsein harmonisch verbinden«, Seite 112).

Wenn Sie in der Stadt laufen, stehen Sie früh auf, noch vor dem Beginn des starken Verkehrs, und wählen stille Straßen und Gassen. Noch besser laufen Sie im Park. Und am allerbesten außerhalb der Stadt, im Wald, an einem Fluss oder See entlang. Dort können Sie am ehesten in einen Zustand kommen, wo Sie die Freude am Dasein beim Anblick der einfachsten Dinge erleben können: ein gleitender Vogel, ein majestätischer Baum ... In unserem lauten, hektischen Leben mit seinem endlosen Stress erleben nur wenige eine solche tiefe Ehrfurcht vor der Natur. Das dynamische autogene Training ist in der Lage, jedem Menschen einen solch aufmerksamen Blick und eine so intensive Empfindung zu vermitteln.

Das Laufen wird Ihnen nur dann etwas bringen, wenn es von der richtigen Atmung begleitet wird. Mit dem Wort »richtig« bezeichne ich die normale Atmung, welche einen gesunden Menschen charakterisiert. Um sie zu erwerben, muss man lediglich zur artgerechten Ernährung übergehen. Dann verringert sich die Atemfrequenz von selbst auf vier bis fünf Zyklen pro Minute. Beim Laufen wird die Frequenz natürlich etwas höher sein, regulieren Sie sie also in Abhängigkeit vom Lauftempo. Aber beachten Sie: Das Ausatmen muss länger sein als das Einatmen, besonders bei länger andauernden physischen Belastungen. Wenn Sie beim Einatmen z.B. zwei Schritte machen, dann müssen Sie beim Ausatmen drei, vier oder fünf Schritte machen. Halten Sie den Atem aber nicht künstlich an.

Atmen Sie durch die Nase. Bemühen Sie sich dabei, durch das obere Drittel der Nase zu atmen, an der Nasenwurzel, wo die Atemluft einer komplexen »Bearbeitung« unterzogen wird, bevor sie in die Lunge gelangt. Hier wird sie vom Staub gereinigt und erwärmt oder abgekühlt – je nach Umgebungstemperatur.

Wenn es Ihnen schwer fällt zu laufen, dann gehen Sie. Die Anforderungen sind die gleichen wie beim Laufen.

Das Laufen oder das Gehen kann jedoch die Krankheiten, deren Hauptgrund der Bewegungsmangel ist, nicht vollständig abwehren oder heilen. Sehr viel hängt auch von der Haltung und dem Zustand der Wirbelsäule ab, das gilt vor allem für die Halswirbelsäule. Wenn die Bandscheiben ihre Form und Elastizität verlieren, wird die Statik der Wirbelsäule gestört, und der Mensch verliert nicht nur die richtige Haltung, sondern er büßt auch seine Gesundheit ein.

Der Sonnengruß

Neben dem Laufen sollten Sie auch etwas für die Beweglichkeit Ihres Körpers und Ihrer Gelenke tun. Dazu sind Yogaübungen gut geeignet. Sie sollten sie frühmorgens, direkt nach dem Aufstehen machen. Für welche Übung Sie sich entscheiden, hängt davon ab, wie viel Zeit Sie haben.

Die folgende Übung für die Beckengegend dauert nur wenige Minuten. Sie enthält einige Positionen aus der längeren Sequenz »Sonnengruß«. Legen Sie sich mit dem

Abb. 19

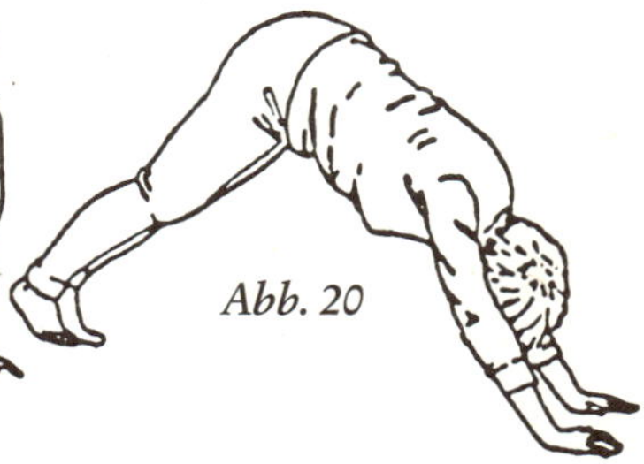

Abb. 20

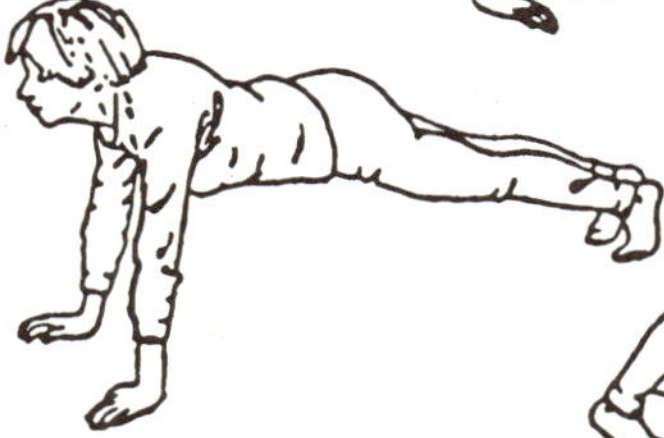

Abb. 21

Abb. 22

Bauch auf den Boden und stemmen Sie den Oberkörper hoch (Abb. 19). Entspannen Sie sich dabei vollständig. Gehen Sie dann fließend zu den nächsten Positionen über (Abb. 20, 21, 22). Schließen Sie mit der Übung in Abb. 23 ab. Dabei werden die ausgestreckten Beine abwechselnd angehoben.

Eine noch einfachere Übung empfehle ich Ihnen für den Schultergürtel. Sie sehen sie auf Abb. 24 und 25. In der ersten Position »hängt« man gleichsam in völliger Entspannung auf den geraden Armen, die in Schulterhöhe auf die Seite gedreht sind, und danach geht man mit geballten Fäusten zur nächsten Position über, wobei man eine Hand hinter den Rücken führt und die andere vor dem Bauch hält.

Wenn Sie schon etwas geübter sind und etwas mehr Zeit haben, empfehle ich Ihnen die folgende klassische Yogaübung, den »Sonnengruß« (Suryanamaskara) (Abb. 26–33):

Abb. 23

Abb. 24

Abb. 25

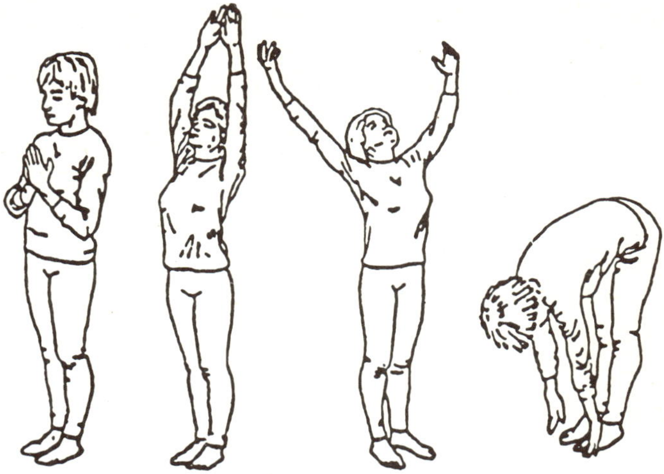

Abb. 26 *Abb. 27* *Abb. 28* *Abb. 29*

- Stellen Sie sich aufrecht hin und legen Sie die Handflächen in der Pose eines Betenden zusammen (Abb. 26).
- Einatmen. Dabei die Hände über den Kopf heben und die Hüften nach vorne schieben, um das Gleichgewicht zu halten (Abb. 27). Die Arme öffnen (Abb. 28).
- Ausatmen. Dabei die Hände sinken lassen und die Handflächen seitlich der Füße auf den Boden legen. Wenn Sie nicht in der Lage sind, mit den Handflächen den Boden zu berühren, dann achten Sie darauf, dass sich die Hände neben oder über den Füßen befinden und nicht vor ihnen. Den Kopf dabei einfach baumeln lassen (Abb. 29).
- Die Handflächen und das rechte Bein fixieren. Ausatmen, dabei das linke Bein nach hinten schieben und mit dem Knie den Boden berühren. Den Blick nach vorne richten (Abb. 30).

Abb. 30

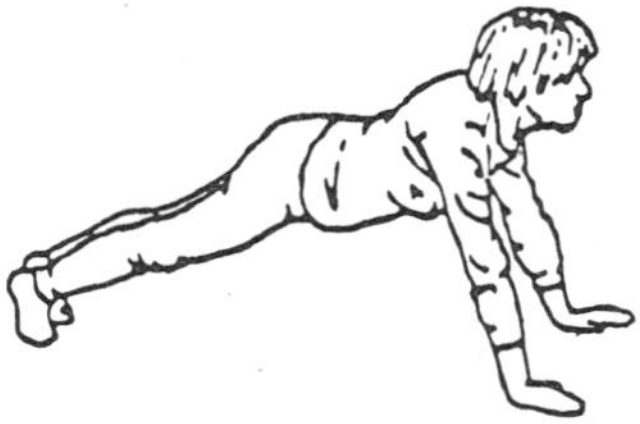

Abb. 31

Abb. 32

- Bei angehaltenem Atem auch das rechte Bein nach hinten führen und in den Liegestütz gehen. Den Blick nach vorne richten (Abb. 31).
- Ausatmen. Dabei die Ellbogen abwinkeln, die Stirn, die Brust und die Knie auf den Boden legen. Das Gesäß anheben und dabei den Rücken entspannen (Abb. 32).

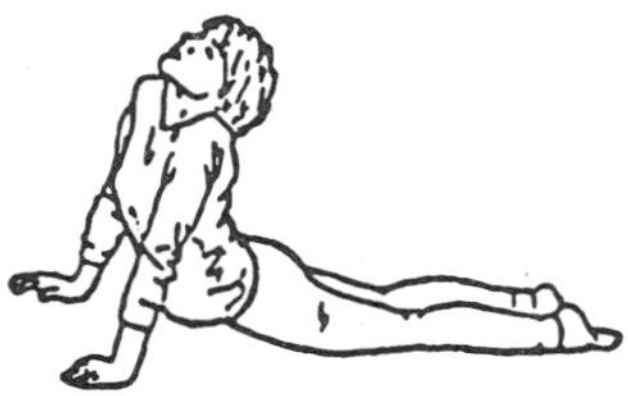

Abb. 33

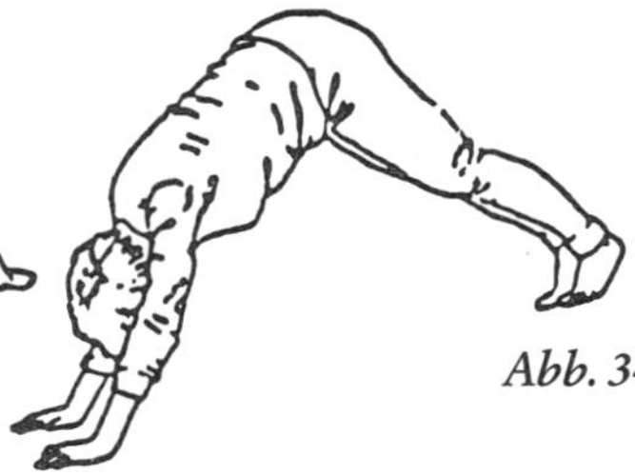

Abb. 34

Abb. 35

Abb. 36

Abb. 37

Abb. 38

- Einatmen. Dabei die Zehen am Fußboden ausstrecken, die Arme strecken (die Hüften bleiben möglichst am Boden) und den Rücken durchbiegen. Den Kopf weit in den Nacken legen (Abb. 33).
- Ausatmen. Dabei die Zehen nach vorne richten, die Füße aufstellen und die Beine ausstrecken, sodass das Gesäß nach oben ragt und Sie sich auf Handflächen und Füße stützen. Der Kopf hängt frei nach unten, die Fersen sind auf dem Boden (Abb. 34).
- Einatmen. Dabei den Körper strecken und den rechten Fuß zwischen die Handflächen stellen. Den Blick nach vorne richten (Abb. 35).
- Ausatmen. Dabei das linke Bein ebenfalls nach vorne ziehen und beide Beine strecken, möglichst ohne die Hände vom Boden zu nehmen (Abb. 36).
- Einatmen. Dabei den Körper aufrichten, strecken und die ausgestreckten Arme über dem Kopf nach hinten dehnen (Abb. 37).

- Ausatmen und die Hände vor der Brust in der Pose eines Betenden falten (Abb. 38).

Wenn Sie nicht in der Lage sind, die Handflächen auf den Boden zu drücken, ohne die Knie anzuwinkeln, so sorgen Sie dafür, dass zumindest zwischen Fingerspitzen und Boden ein ununterbrochener Kontakt erhalten bleibt.

Wiederholen Sie den Sonnengruß drei- bis viermal.

Bewusstsein und Unterbewusstsein harmonisch verbinden

Die Bewegung ist eine eigene Wissenschaft mit ihrer Geschichte und ihren Errungenschaften. Bereits im alten Griechenland finde ich Quellen für die Ansichten, die zu den Grundlagen des Systems der natürlichen Gesundung gehören. Und die wichtigste Schlussfolgerung für mich lautet: Richtige Bewegung bedeutet in erster Linie Entspannung. Sehen Sie sich einmal die altgriechischen Skulpturen an: Die Figuren strahlen Ruhe und Grazie aus, woraus dann erst die Bewegung entspringt. In diesen Skulpturen liegt das Geheimnis der ursprünglichen Bewegung. Es scheint, als würde sich der Mensch jeden Augenblick in Bewegung setzen, obwohl noch seine ganze Figur die Ruhe atmet. Aus der Kunst der Griechen habe ich eine Methode abgeleitet. Es ist eine neue Art von Bewegungen und daraus entstehenden Körperübungen, die erstaunlich wirkungsvoll sind.

Grundlage ist die freie, vom Menschen im entspannten Zustand gewünschte Bewegung zu einer harmonischen

Musik. Dabei berücksichtigte ich, dass jeder Mensch sich individuell bewegt. Deshalb gebe ich nur eine allgemeine Richtung an, und jeder bewegt sich wie er möchte nach der Musik und auf der Basis des autogenen Trainings.

Wenn ich von autogenem Training spreche, meine ich nicht jene Prozedur der Selbstüberzeugung, bei der man sich mit geschlossenen Augen ständig vorsagt: »Ich bewege mich gut; ich bewege mich frei« etc.

Die Rede ist vom dynamischen autogenen Training, bei dem die Übenden aufgefordert werden: »Sehen Sie, hören Sie« etc.

»Sehen Sie dort den Wald, den grünen sommerlichen Wald?«

»Hören Sie die schwache Stimme des Vögleins, das sich in den Ästen des Baumes versteckt hat?«

»Jetzt stellen Sie sich vor, dass Sie sich vor dem stürmischen Wind schützen.«

Und jeder beginnt zu fühlen, dass er dem Ansturm des Windes widersteht, wobei er dies sehr individuell, auf seine Art ausdrückt.

»Jetzt ist das Gewitter vorbei«, fahre ich fort, »die Sonne blickt zwischen den Wolken hervor, alles öffnet sich der erneuerten Natur, den Gräsern, den Blumen. Ihnen wird warm ums Herz, und die Freude steht Ihnen im Gesicht geschrieben. Die Augen leuchten vor Glück! Eine großartige Stimmung …«

All dies geschieht im Laufen oder während der Körperübungen. Gewöhnliche Menschen unterschiedlichen Alters, unterschiedlicher Berufe und Neigungen nehmen an diesen Übungen teil. Aber ungeachtet dessen treten sie alle ganz natürlich in dieses Bild ein und demonstrieren damit, dass in jedem Menschen Möglichkeiten verborgen sind, deren Existenz er nicht einmal zu vermuten wagte. Das dynamische autogene Training erlaubt es, diese Möglichkeiten an die Oberfläche, ins Bewusstsein zu bringen, und das Bewusste und das Unbewusste harmonisch zu verbinden.

Wenn man den Menschen bestimmte Bewegungen aufdrängt, sperrt sich das Bewusstsein dagegen, und der Körper bekommt unnatürliche, eckige Formen und Proportionen, die weit entfernt sind von einer griechischen Skulptur. Dagegen machen ihn die schöpferischen Impulse, die aus seinem Unterbewusstsein stammen, nicht nur äußerlich und innerlich schön, sondern sie erlauben ihm auch, die kompliziertesten Übungen auszuführen, an die er nicht einmal zu denken wagte.

Ich achte besonders auf die energetischen Besonderheiten der Bewegung – ob im Organismus ein energetischer Stau oder völlige innere Freiheit herrscht. Es ist mein Ziel, dass jeder meiner Schüler lernt, in diesen Zustand der völligen Freiheit und Entspannung zu gelangen, sodass seine Bewegungen nicht gehemmt sind und dass daran unterschiedliche Muskelgruppen beteiligt sind. Ich habe keinen Sinn für eintönige Bewegungen (z. B. 100 Kniebeugen). Die Bewegungen sollen leicht sein, kreisförmig, frei und schön.

Für den Anfang der Bewegungsübungen passt der Sonnengruß am besten, denn diese Übung öffnet dem Menschen ein breites Gefühlsspektrum: von Konzentriertheit zu absoluter innerer Selbstvertiefung bei Aktivierung des gesamten Energiesystems.

Ich bemühe mich, die Yogaübungen mit der Atmung abzustimmen. Das heißt nicht, dass an die eine oder andere Bewegung starr ein Ein- oder Ausatmen gebunden ist. Alles muss spontan geschehen. Die Atmung sollte kaum zu bemerken sein, was nicht heißt, dass man wenig Luft einatmet, sondern dass die Atmung des ganzen Körpers richtig abgestimmt ist.

Wie Sie bereits wissen, vertrete ich den Standpunkt, dass wir nicht nur mit der Lunge atmen. Ich bin der Ansicht, dass die Gase der Luft nicht nur vom Hämoglobin des Blutes verwendet werden, sondern auch in die Gewebe unseres Organismus eindringen. Hier muss man auch die Hautatmung berücksichtigen, welche ich bei meinen Schülern mit speziellen Übungen zu entwickeln versuche.

Mithilfe von Yoga lernt man, sein Bewusstsein zu steuern, was für uns eine besondere Bedeutung hat. Ein großer Teil der erwachsenen Bevölkerung leidet unter hohem Blutdruck. Das wird häufig durch Stress erklärt, dem man heute gerne alle negativen Erscheinungen unseres Lebens in die Schuhe schiebt. Doch die eigentliche Ursache ist die ununterbrochene, nie nachlassende Anspannung, in der wir uns befinden, ohne dass wir es bemerken. Dies gilt es sich ins Bewusstsein zu rufen, um dann aktiv die Entspannung einzuleiten.

Apropos Stress – mein Verhältnis dazu ist mehr als loyal. In den 30er-Jahren, als ich noch an der Hochschule studierte, war ich aktive Fallschirmspringerin, und zufällig entstanden damals auch die Stresstheorien. Ich hatte allerdings schon eine sehr klare Vorstellung davon, was Stress ist, zumal ich ihn oft beim Fliegen erleben konnte.

Früher waren Fallschirmsprünge nämlich mit bedeutend mehr Komplikationen verbunden als heute. Um von einem U-2-Flugzeug abzuspringen, musste man sich auf den Sitz stellen, durch die Kabinenwand klettern, auf den Flügel steigen, dem Piloten auf die Schulter klopfen zum Zeichen der Sprungbereitschaft, sich sodann um 180 Grad drehen, zur hinteren Flügelkante gehen, und von hier den Schritt in Leere machen, ins Nichts. All das erfordert vom Menschen natürlich eine enorme Anspannung.

Aber wenn man gesprungen war und am Ring gezogen hatte, öffnete sich die Fallschirmkuppel über einem, und man spürte eine schwer vorstellbare, unwahrscheinliche Wonne und Ruhe. Dies war ein unglaublich angenehmes Gefühl nach der vorhergegangenen Anspannung. Und man bekam eine unbändige Lust zu singen.

Doch plötzlich sieht man, dass sich die Erde unglaublich schnell nähert. Man erinnert sich, dass man sich richtig drehen muss, um nicht auf den Rücken zu fallen, und dass man einen Landeplatz auswählen muss. Wieder eine unglaubliche Anspannung.

Vielleicht kann man sich mit der Zeit an all das gewöhnen, aber ich konnte es nicht, obwohl ich Dutzende Male gesprungen bin. Und Gott sei Dank habe ich mich nicht daran gewöhnt, denn in keiner anderen Situation habe ich ein höheres Gefühl des Entzückens erlebt als in den Momenten nach der Landung. Ein unscheinbares Gänseblümchen erscheint einem wie eine Luxusblume ungewöhnlicher Schönheit, und eine gewöhnliche Ähre gleicht einem Wunderwerk.

Damals konnte ich mich davon überzeugen, dass das Gefühl des Entzückens, welches man nach dem Sprung hat, zur allgemeinen Vervollkommnung des Organismus führt. Ich bin überzeugt, dass der Mensch eine äußerste Anspannung einfach braucht. Das heißt aber nicht, dass sein ganzes Leben aus einem einzigen negativen Stress bestehen sollte, ohne Hoffnung auf kommende Freude. Wozu das führt, sehen wir an den verschlossenen, verhärteten Gesichtern der Menschen, an der modernen Kunst, in der unsere scharfkantige, unvollkommene Welt ihren Spiegel findet.

Durch die gymnastischen Übungen soll der Mensch einen Zustand erlangen, in dem sein Bewusstsein das Unterbewusstsein steuert, es aber nicht unterwirft, sondern sich mit ihm in einer harmonischen Einheit befindet. Hier liegt der Schlüssel zur Gesundheit und Entwicklung des Menschen.

Gott bewahre, dass im System der natürlichen Gesundung kühler Verstand herrscht. Der Verstand ist viel zu arm! In der verborgenen Weisheit des menschlichen Körpers liegt so viel Reichtum, dass bei seiner vollständigen Ausschöpfung auch das Bewusstsein tiefer wird. Ich denke, dass die Psyche nicht weniger von der Bewegung abhängt als die Bewegung von der Psyche.

Aber von heute auf morgen ist diese harmonische Einheit nicht zu erzielen. Sie entsteht allmählich, von Übungseinheit zu Übungseinheit. Wenn Sie bei sich keinen Fortschritt bemerken, versuchen Sie zu verstehen, worin der Fehler liegt.

Sehr wichtig ist es, die Bewegungen zu einer bestimmten, festgelegten Tageszeit auszuführen. Warum? In der Natur ist alles sehr eng und harmonisch verbunden. Es gibt ein Auf und Ab. Wenn zum Beispiel von Mitternacht bis 12 Uhr mittags unser Tag quasi aufstrebend ist, so geschieht von Mittag bis 24 Uhr eine Art Abwärtsbewegung. Ich habe festgestellt, dass sich die Übungen, die man in der ersten Tageshälfte und in der zweiten Tageshälfte macht, voneinander unterscheiden sollen: in der ersten Hälfte ist es sinnvoll, wenn sie sie energischer, zielstrebiger sind. In meinen Behandlungsmethoden für bestimmte Krankheiten beginnen einige Übungen sogar um zwei Uhr nachts, damit gesichert ist, dass der ganze Übungskomplex zu der optimalen Tageszeit abgeschlossen ist. Hingegen kann ein leichter Lauf durch einen malerischen Park auch in der zweiten Tageshälfte absolviert werden.

Man sollte die Bewegungen nicht im Zustand einer seelischen Unstimmigkeit oder eines emotionalen Konfliktes mit der Umgebung ausführen. Deshalb sollte man vorher passives autogenes Training machen.

Beim passiven autogenen Training, wie auch bei dem dynamischen autogenen Training, schaut der Mensch gleichsam in das Innere seines Organismus hinein und kontrolliert seine Empfindungen. Wenn ich mit einer Gruppe laufe, dann stelle ich die Leute darauf ein, dass sie ihre Arme, ihr Gesicht, ihre Beine entspannen, ihre Psyche beruhigen, um sich nicht nur körperlich, sondern auch seelisch vollständig zu entspannen.

Die Menschen müssen es sich abgewöhnen, an alles gleichzeitig ein bisschen zu denken, was nur Hast in ihre Gedanken bringt. Das dynamische autogene Training hilft dem Menschen, seine Aufmerksamkeit auf einen bestimmten Gegenstand zu konzentrieren, vor allem auf sich selbst, auf seinen Organismus. Beispielsweise mache ich meine Schüler vor den Übungen mit dem Aufbau des menschlichen Skeletts bekannt. Dann beginnen sie während der Bewegung daran zu denken, was in ihrem Körper geschieht. So können sie die Bewegung der Energie im Organismus erspüren.

Nicht zu vergessen ist auch der Zusammenhang zwischen Denken und Bewegung. Eine besonders farbige Figur in der menschlichen Geschichte und eine Art Maßstab für die Bewertung des Menschen war und ist für mich der griechische Philosoph Pythagoras. Dieser Gelehrte, dem die Wissenschaft wichtige Erkenntnisse verdankt, war seinerzeit der beste Faustkämpfer bei den olympischen Spielen, und das wohlgemerkt mit 40 Jahren. Sein Beispiel zeugt davon, dass die Bewegungsaktivität auch die Aktivität des Verstandes fördert. Das ist wirklich so, und ich strebe immer danach, dass Verstand und Bewegung immer eine Einheit bilden. Allerdings sollte der Verstand kein Übergewicht bekommen und irgendwelche Ziele setzen, die die Bewegung bringen soll. Ich meine die rücksichtslose Jagd nach Metern und Sekunden, die die Gesundheit in den Hintergrund drängt, die Körperübungen in quälendes, widernatürliches Training verwandelt und einen dazu zwingt, zu solchen zerstörerischen Mitteln wie dem Doping zu greifen. Das ist, wenn Sie so wollen, ein weiteres Zeugnis des deformierten Charakters unserer Zivilisation.

Den Körper auf den Tag einstimmen

Nun möchte ich Sie, werte Leser, mit einigen Übungen bekannt machen, die man noch im Bett liegend ausführen sollte. Sie werden Ihnen helfen, die Schläfrigkeit zu verjagen und früher aufzustehen, um mit den Bewegungsübungen zu beginnen. Und ich empfehle Ihnen, spätestens um fünf Uhr morgens aufzustehen.

Was muss man tun, damit man um diese Zeit erwacht?

Vor allem hat es keinen Zweck, einen Wecker zu benützen. Nehmen Sie sich einfach am Abend vor: Morgen muss ich um fünf Uhr aufstehen.

Nach dem Aufwachen machen Sie zuerst einige Übungen für die Augen. Dabei bleiben Sie noch im Bett liegen. Beginnen Sie bei vollem Bewusstsein das rechte Auge so weit zu rollen, wie es Ihnen möglich ist. Dabei schenken Sie dem linken Auge nicht die geringste Aufmerksamkeit. Bewahren Sie die Empfindung des einen Auges, während sie es in eine Richtung drehen und dann in die andere. Dasselbe machen Sie mit dem anderen Auge.

Dann heben Sie das rechte Auge so hoch wie möglich, als würden Sie versuchen, unter das Stirnbein zu blicken, danach senken Sie es nach unten, als wollten Sie Ihre Wange untersuchen. Wiederholen Sie das einige Male, und zwar mit steigender Intensität. Das Gleiche machen Sie mit dem linken Auge.

Nun bewegen Sie die Augen so weit wie möglich zur Seite, zu den Schläfen und zur Nasenwurzel. Machen Sie auch dies zuerst mit dem einen, dann mit dem anderen Auge.

Danach reiben Sie kräftig eine Handfläche an der anderen, bis sie angenehm warm werden. Schließen Sie die Augen, und drücken Sie die Handflächen ganz leicht auf die Lider. Dabei rollen Sie die Augen so, als wollten Sie sie aus der Kreisbahn hinauswerfen. Dies machen Sie einige Sekunden lang.

Öffnen Sie die Augen wieder und suchen Sie den entferntesten Punkt im Zimmer. Schauen Sie sehr aufmerksam dorthin, nach einigen Sekunden richten Sie den Blick auf die Nasenwurzel. Wiederholen Sie dies einige Male.

Damit sind die Übungen für die Augen abgeschlossen. Es folgen einige Körperübungen, die Sie auf dem Rücken liegend absolvieren. Unsere Wirbelsäule ist nämlich nach der Nacht entspannt, und wir sollten sie nur allmählich belasten.

Heben Sie bei vollständig entspannter Wirbelsäule beide Arme und Beine und bewegen Sie die Hände und Füße leicht auf und ab. Arme und Beine sollten ausgestreckt sein, und Hände und Füße völlig entspannt.

Danach legen Sie die Arme unter den Kopf, winkeln die Knie an und legen sie rechts bzw. links auf dem Bett ab, die Fußsohlen legen Sie dabei aneinander. Nun machen Sie mit dem Körper einige Schwingbewegungen von Seite zu Seite.

Beenden Sie das Aufwärmen mit einer Übung, nach der Sie wie eine Feder aus dem Bett springen werden. Falten Sie Ihre Hände vor dem Gesicht, gleichzeitig legen Sie die Fußsohlen aneinander und heben sie ebenfalls an. Nun machen Sie synchrone kleine Kreisbewegungen mit den zusammengelegten Händen und Füßen, zuerst vom Kopf zum Fuß und dann vom Fuß zum Kopf.

Wer möchte, kann eine weitere Übung anschließen, die ich »Stehaufmännchen« nenne. Man setzt sich im Bett auf, umfasst seine Knie mit den Armen und drückt sie an die Brust. In dieser Haltung lässt man sich einige Male auf den Rücken rollen und setzt sich wieder auf. Wenn Ihnen dies aus Trainingsmangel nicht gelingt, dann drücken Sie die Knie an die Brust, wobei Sie die Hände in die Kniekehle legen. Dann können Sie sich aufsetzen, indem Sie den Schwung der Beine ausnützen.

Ich möchte unterstreichen, dass diese morgendlichen

Körperübungen speziell dann einen Effekt haben, wenn Sie richtig schlafen. Das heißt: auf einem harten Untergrund schlafen. Das kann ein Holzbrett sein oder jede beliebige andere harte Unterlage. Dabei schläft man ohne Kissen und natürlich nicht auf einer weichen, ja nicht einmal auf einer wattierten Matratze. In meinem Bett ersetzt mir das alles ein Lammfell, das mit einem Leintuch überzogen ist.

Vergessen Sie nicht: Wie wichtig auch jedes einzelne Element des Systems der natürlichen Gesundung für sich genommen sein mag, so verstärkt sich seine Wirkung in enger Verbindung mit allen anderen Elementen des Systems. Deshalb mache ich Sie nun mit dem letzten Element bekannt – der Abhärtung.

Keine Angst vor Hitze und Kälte

Der moderne Mensch ist von der Zivilisation absolut verzärtelt. Das Temperaturspektrum, in dem er sich wohl fühlt, beträgt gerade mal sieben bis acht Grad Celsius: von plus 15 bis plus 22/23 Grad Celsius. Wären uns unsere fernen Vorfahren auch nur ein wenig ähnlich gewesen, so könnte weder ich diese Zeilen schreiben noch Sie sie lesen. Denn der Mensch wäre einfach von der Bildfläche verschwunden – als eine biologisch unvollkommene Art.

Was hat es ihm denn erlaubt zu überleben? Gibt es in unserem Organismus Mechanismen, welche es ihm ermöglichen, die Einwirkung von niedrigen und hohen Temperaturen zu kompensieren? Ja, die gibt es.

Schon die einfache Beachtung der artgerechten Ernährung erleichtert die Adaption an beliebige extreme Bedingungen. Denn diese Ernährungsweise setzt den Energieverbrauch für die eigentlichen Lebensfunktionen des Organismus herab. Es ist beispielsweise längst bekannt, dass hagere Menschen Hitze besser vertragen als schlappe, füllige Menschen. Und unter denen, die den Anforderungen des Systems der natürlichen Gesundung folgen, finden Sie keine Dickwänste. Außerdem verringert sich bei dieser Ernährung der Wasserverbrauch und folglich auch die Belastung des Herzens, der Leber, der Nieren und vieler anderer inneren Organe, weil die Verdunstung durch die Haut ökonomischer vor sich geht.

Mehr als die Hitze macht dem Menschen die Kälte zu schaffen. Die längere Einwirkung von nicht einmal besonders niedrigen Temperaturen ruft beim modernen Menschen eine Unterkühlung des Organismus hervor. Seine Widerstandskraft gegen so genannte Erkältungskrankheiten ist herabgesetzt.

Das ist das Ergebnis unserer deformierten Zivilisation, die die Menschen von der Natur isoliert und eine Art durchschnittliche Existenzbedingungen schafft, die mit natürlichen Bedingungen nichts gemein haben. Aber da es so ist, sind auch die Mechanismen stillgelegt, die es dem Menschen gestatten, sich an die täglichen und jahreszeitlichen Schwankungen der Witterung anzupassen. Deshalb fühlen wir uns von jeglichen, auch unbedeutenden Abweichungen von den künstlichen Lebensbedingungen irritiert. Was kann man dem entgegensetzen? Nur eine Kleinigkeit: Man muss den Mechanismus der Adaption, den uns die Natur eingepflanzt hat, wieder aktivieren. Zum Glück sind die Mittel dazu seit langer Zeit bekannt und die Methoden dafür entwickelt.

Aber bevor wir uns diesen Methoden zuwenden, sollten Sie verstehen, mit welchen Mechanismen wir die negativen Auswirkungen niedriger Temperaturen auf unseren Organismus kompensieren können. Es stellt sich also die Frage: Was wärmt uns?

Die Wissenschaftler haben längst festgestellt, dass in jeder lebenden Zelle Energie freigesetzt und umgekehrt Energie von der Zelle absorbiert wird. Eine wichtige Rolle bei diesen Prozessen spielt das Adenosintriphosphat (ATP). Im Aufbauprozess erfüllt es die Funktion eines universellen Energiespeicher und bei seiner Spaltung wird es zu einem universellen Energielieferanten. Es wird je nach Bedarf bei verschiedenen Funktionen verbraucht, z.B. bei der Synthese von Eiweißen, Fetten, Kohlenhydraten und Nukleinsäuren oder bei der Muskelarbeit.

Inzwischen hat man herausgefunden, dass es noch einen zweiten Weg der Energieverwendung gibt, und zwar ohne die Bildung eines Zwischenspeichers in Gestalt des Adenosintriphosphats. In diesem Fall zerstreut sich die Energie, und es entsteht Wärme. Auf diesem Weg halten die Warmblüter, darunter auch der Mensch, ihre Temperatur bei äußerer Abkühlung stabil. Gleichzeitig stellte man fest, dass Tiere, die plötzlich in künstlich hergestellte raue Verhältnisse versetzt wurden, es nicht schafften, sich rechtzeitig von der Speicherung der Energie in Form des Adenosintriphosphats auf die direkte Wärmegewinnung umzustellen. Wenn die Abkühlung nicht unterbrochen wurde, starben sie. Doch nach einer weiteren Abkühlung entwickelten sie die Fähigkeit, Wärme zu erzeugen. Die Wissenschaftler fanden heraus, dass bei uns das Muskelgewebe die Rolle des »Öfchens«

spielt. Der Organismus selbst regelt den Wirkungsgrad der Muskeln, indem er ihn nötigenfalls auf ein Minimum einschränkt. Dies geschieht besonders bei kaltem Wetter, um so die Energie, die nicht für Muskelarbeit verwendet wird, auf die Wärmegewinnung zu richten.

Jetzt ist Ihnen der Sinn von Abhärtungsübungen wohl klarer geworden. Sie sind notwendig, damit der Mechanismus, der die Wirkung der niedrigen Temperaturen auf unseren Organismus durch die Absonderung von Wärme kompensiert, in ständiger Bereitschaft gehalten wird. Dieses Ziel erfordert Ihrerseits selbstverständlich Konsequenz und Durchhaltevermögen, aber ich meine, es ist der Mühe wert. Es wäre naiv anzunehmen, dass unsere Kleidung, unser Ofen oder die Zentralheizung in der Lage sind, uns in allen Lebenslagen vor der Kälte zu schützen. Wenn Ihr Organismus verzärtelt ist, genügt oft schon etwas Zugluft, um Sie ans Bett zu fesseln. Und umgekehrt kann keine noch so große Kälte einem abgehärteten Menschen etwas anhaben.

Ich wurde oft gefragt, in welchem Alter man mit der Abhärtung beginnen soll. Ich erzähle dann immer von den Bewohnern Jakutiens: Egal, ob die Sonne scheint oder 37 Grad Kälte herrscht, kein einziger Jakute trägt eine Mütze. Und wie härten sie ihre Kleinen ab? Sie tragen sie ins Freie, graben ein Loch in den Schnee und legen den nackten Säugling hinein. Er hat noch einen rosa Nabel, ganz in Verband eingehüllt, und er schreit herzergreifend, aber man lässt ihn eine Weile im Schnee liegen. Die Abhärtung ist nicht der letzte Grund dafür, dass die Jakuten im Schnitt 100 Jahre leben.

Man kann also gar nicht früh genug mit der Abhärtung beginnen, aber auch ältere Menschen können ihren

Körper noch umgewöhnen. In jedem Fall muss man schrittweise vorgehen. Unsere Hauptorientierung sollte unser Wohlbefinden nach der Abhärtungsmethode sein.

Abhärtung durch Kälte

Alles hängt von Ihrem Gesundheitszustand ab. Wenn Sie jung und gesund sind, können Sie nach der Morgengymnastik in der frischen Luft sofort beginnen, Ihren Körper mit Schnee abzureiben, sich mit kaltem Wasser zu übergießen oder in einem freien Gewässer zu baden. Ältere Menschen, die bisher von Krankheiten verschont waren, und erst recht Kranke sollten hier nichts überstürzen. Beginnen Sie im Kleinen. Schütten Sie kaltes Wasser, am besten Eiswasser, in das Waschbecken oder eine Wanne und halten Sie Ihren rechten Fuß hinein. Reiben Sie ihn dann sofort mit einem Handtuch trocken und ziehen Sie einen warmen Wollsocken über. Dann wiederholen Sie das Gleiche mit dem linken Fuß. Erhöhen Sie allmählich die Dauer des Fußbades, wobei das Wichtigste die Regelmäßigkeit ist. Man sollte keinen einzigen Tag auslassen. Selbst eine kurze Pause kann all Ihre Bemühungen zunichte machen.

Wenn Sie merken, dass die eisigen Fußbäder anfangen, Ihnen Vergnügen zu bereiten, können Sie dazu übergehen, sich mit Wasser zu übergießen. Ich zum Beispiel ziehe das Übergießen mit einem Kübel Eiswasser jeder Dusche vor. Man übergießt sich und es stockt einem der Atem. Eine heftige Erschütterung des Organismus. Freude in der Seele.

Ältere Menschen, die sich nicht zu den Eiswasserbädern durchringen können, mögen mit einer kalten Dusche beginnen. Die Temperatur regulieren Sie in Abstimmung mit ihrem Wohlbefinden, sie sollte schrittweise, aber ohne Eile reduziert werden. Wenn die Wassertemperatur am Minimum ist und Sie gelernt haben, dies ohne irgendwelche Folgen zu ertragen, können Sie dazu übergehen, sich mit Schnee einzureiben, und auf Wunsch auch das Eisschwimmen versuchen.

Menschen, die an einer Krankheit leiden, ist besondere Vorsicht zu raten. Beginnen Sie mit eisigen Fußbädern und gehen Sie dann zu Einreibungen über. Reiben Sie sich einige Tage lang mit einem Handtuch, einem Schwamm oder einfach mit der nassen Hand ab. Wenn Sie die Gliedmaßen, den Hals, die Brust und den Rücken eingerieben haben, reiben Sie sie mit dem Handtuch trocken, bis die Haut rot wird. Die Dauer der Prozedur sollte anfangs 5 Minuten nicht überschreiten.

Forcieren Sie die Sache nicht. Orientieren Sie sich daran, wie Sie sich nach der Prozedur fühlen. Es sollen keine unangenehmen Empfindungen entstehen. Schließlich werden Sie, wenn nicht alle, so doch einige der zehn Vorzüge genießen, die nach den Worten der alten griechischen Weisen die Wasserbehandlung bringt: klaren Verstand, Frische, Lebendigkeit, Gesundheit, Kraft, Schönheit, Jugend, Sauberkeit, eine angenehme Hautfarbe und die Aufmerksamkeit schöner Frauen.

Schwitzen härtet ab und heilt

Die wohltuende Wirkung von Hitze auf den Organismus ist der Menschheit seit Urzeiten bekannt. Schwitzbäder und Dampfbäder existierten im alten Griechenland und im alten Rom, in Ägypten und Russland und auch auf dem fernen amerikanischen Kontinent – lange vor seiner Entdeckung durch Kolumbus. Was macht das Schwitzbad so anziehend für uns? Indem die Hitze gleichzeitig auf alle Systeme und Organe unseres Körpers einwirkt, ruft sie eine freundliche Reaktion dieser Organe hervor und bringt sie dazu, intensiver und besser aufeinander abgestimmt zu arbeiten. Somit vollzieht sich eine natürliche Harmonisierung aller Lebensprozesse.

Das Schwitzbad erhöht die Grenze der erträglichen Temperaturen auf 90 bis 100 Grad Celsius. Wenn man berücksichtigt, dass es in Russland seit Urzeiten üblich war, nach dem Schwitzbad im Winter sofort in die Kälte zu gehen und sich im Schnee zu wälzen, wird gleichzeitig auch die unterste uns erträglich scheinende Temparaturgrenze auf unter null gesenkt. Somit kann das Temperaturgefälle mehr als 100 Grad Celsius ausmachen.

Die hohe Temperatur in der Schwitzkammer aktiviert die Austauschprozesse im Organismus, stimuliert die Schweißabsonderung und somit auch die Entfernung der Schlacken, die ein Endprodukt des Stoffwechsels sind. In der Folge wird die Arbeit der Nieren erleichtert. Die Poren der Haut erweitern sich, dadurch wird die Hautatmung intensiver und vollständiger.

Das Schwitzbad vertreibt jede Müdigkeit und schenkt

das Gefühl der Leichtigkeit im ganzen Körper, Gelassenheit und gute Laune.

Ich möchte noch eine Besonderheit erwähnen, welche einen unmittelbaren Bezug zur natürlichen Ernährung des Menschen hat. Ein unverzichtbares Element dieser Ernährung sind Aufgüsse und Tees aus Kräutern. Nimmt man sie über den Verdauungstrakt auf, werden sie dort bearbeitet, was ihren Effekt vermindert. Wenn man sie aber im Schwitzbad anwendet, so gelangen sie über die Haut auf unmittelbarem Weg ins Blut. Nicht zufällig finden in der russischen Volksmedizin Aufgüsse von Blättern in Schwitzbädern eine breite Anwendung.

Für Schwitzbäder gilt ebenfalls das wichtigste Gesetz der Abhärtung: ein schrittweises Vorgehen. Das Schwitzbad ist kein Ort für Wettkämpfe: Nur ein sehr beschränkter Mensch wird versuchen, sein Prestige zu heben, indem er versucht, länger als die anderen auf der obersten Bank zu sitzen. Drei Gänge und drei Aufgüsse mit je fünf bis sieben Minuten sind für einen gesunden Menschen mehr als genug.

Ein Rat an alle, die nicht ganz gesund sind: Hören Sie auf Ihren Organismus, aber meiden sie das Schwitzbad nicht, nur weil Sie sich ein wenig unwohl fühlen. Sie sollten aber beim ersten Anzeichen von Herzklopfen, Schwindel, Schwäche, Atemnot oder leichter Übelkeit sofort die Schwitzkammer verlassen und einen kühlen Raum aufsuchen. Und seien Sie nicht enttäuscht: Nach einiger Zeit werden Ihre natürliche Lebensweise, die Körper- und Atemübungen und die Abhärtung ihre wohltätige Wirkung zeigen, und Sie werden von diesen Einschränkungen befreit sein.

Teil II

Artgerechte Ernährung

5

Was ist artgerechte Ernährung?

Eine weise Erfindung der Natur

Die Pflanzen- und Tierwelt bietet den Menschen eine große Vielfalt an Lebensmitteln an. Die Hauptschwierigkeit besteht darin, aus dieser ganzen Vielfalt das auszuwählen, was tatsächlich notwendig und nützlich ist. Diese Kriterien können unterschiedlich sein: Die einen Völker ziehen Schweinefleisch jedem anderen Fleisch vor, andere wieder lehnen gerade dies ab. Es gibt unzählige solcher Unterschiede in der Bewertung des Nährwerts von Lebensmitteln.

Nur ein Kriterium ist in der Lage, die unterschiedlichsten Geschmäcker und die verschiedensten religiösen und moralisch-ethischen Verbote miteinander zu vereinbaren: das Kriterium der »artgerechten Ernährung«. Sehen wir uns das folgende Beispiel an.

Was denken Sie, was mit einer Riesenschlange passieren würde, wenn sie nicht ein lebendes, sondern ein abgehäutetes, der Bequemlichkeit halber klein gehacktes Kaninchen verschlingen würde? Der Verdauungsprozess wäre erschwert. Wie sich im Laufe eines Experiments des russischen Akademiemitglieds A.M. Ugolev herausstellte, ist in der belebten Natur die Erscheinung der Autolyse (Selbstauflösung, Selbstverdauung) weit verbreitet. Dies bedeutet, dass körpereigene Enzyme körpereigenes Eiweiß abbauen. Dementsprechend befinden sich nur 50 Prozent der Enzyme, die zur Verdauung beitragen, im Magensaft des »Konsumenten«. Der Rest findet sich im Gewebe des »Opfers«, welches eine Pflanze oder ein Tier sein kann. Der Magensaft setzt sozusagen nur den Mechanismus der Selbstverdauung in Gang. Dabei beginnen überall im Gewebe des »Opfers«, in allen Zellen Aufspaltungsprozesse. Im Ergebnis wird der Prozess der Verdauung und Assimilation der nahrhaften Substanzen wesentlich optimiert und beschleunigt.

Die Experimente von A.M. Ugolev haben noch eine andere Gesetzmäßigkeit zutage gebracht, welche deutlich macht, warum in der Küche der heilkräftigen Ernährung die thermische Bearbeitung der Nahrung auf ein Minimum reduziert wird. In den Versuchen wurde die Verdauung von Geweben, die ihre natürlichen Eigenschaften bewahrt hatten, mit wärmebehandelten Geweben verglichen. Es stellte sich heraus, dass im ersten Fall die Gewebe vollständig aufgespalten wurden, im zweiten Fall jedoch ihre Strukturen teilweise erhalten blieben, was die Möglichkeit zu ihrer Assimilation erschwerte. Dies wiederum hat Verunreinigungen des Organismus zur Folge. Diese Erkenntnisse werfen auch ein neues Licht auf den bis heute anhaltenden Streit zwischen den beiden diätologischen Schulen. Die einen sagen, dass Getreide und Brot in der Ernährung unverzichtbar sind, die anderen vertreten das Gegenteil. – Doch nicht das Getreide an sich ist das Problem, sondern die Intensität seiner Verarbeitung: Es scheint, dass sich unser Verdauungstrakt umso mehr mit den Resten der nicht gänzlich verdauten Speisen verunreinigt, je länger man den Brei kocht, das Getreide backt oder brät. Dazu gehört auch das Brot, welches doch unter sehr hohen Temperaturen gebacken wird.

Aber das Phänomen der Autolyse oder Selbstverdauung an sich sagt noch nichts darüber aus, ob ein Produkt für ein Tier oder einen Menschen artgerecht ist. Die Enzyme des »Konsumenten« müssen mit den Gewebestrukturen des »Opfers« kompatibel sein. Sie müssen zueinander passen wie ein Schlüssel zum Schloss, nur dann wird die Nahrung mit einem minimalen Energieaufwand verdaut. Ansonsten kann sich herausstellen, dass die Energiemenge, die für die Verdauung aufgewendet wird, größer ist als jene, die aus dem konsumierten Produkt gewonnen wird.

Dieser Mechanismus der Selbstverdauung ist in jeden lebenden Organismus eingebaut. Wenn etwa eine Kartoffelknolle fast reine Stärke enthält, so befinden sich unter der feinen oberen Schicht der Knollenschale stärkeumwandelnde Substanzen. Das Gleiche gilt für Weizen-, Roggen- und andere Getreidekörner, in deren Hülle ebenfalls Substanzen enthalten sind, welche die Stärke umwandeln und somit die darin enthaltene Energie freisetzen.

Dieses Prinzip ist natürlich nicht entstanden, um das »Fressen und Gefressenwerden« einfacher zu machen. Es erfüllt eine wichtigere Funktion, indem es den Keimling mit den Stoffen und der Energie versorgt, welche dieser für seine normale Entwicklung benötigt. Nehmen wir das erwähnte Weizenkorn. Bei einer bestimmten Temperatur und Feuchtigkeit des Bodens fangen die Enzyme an, die Stärke in ihre einzelnen Bestandteile aufzuspalten, welche dann für die Bildung der einzelnen

Pflanzenteile verwendet werden: für das Wurzelsystem, den Stängel und die Blätter. Mit der dabei freigesetzten Energie sichert sich der Keimling die Realisierung des Entwicklungsprogramms, welches in seinem genetischen Apparat eingetragen ist.

Der Sinn der artgerechten Ernährung liegt darin, dass alle lebenden Organismen die Selbstverdauung anderer, jeweils passender Objekte nutzen, um Energie aufzubauen.

Dieser Typ der Ernährung ist der bestimmende in der lebenden Welt. Jede biologische Art hat, wie wir schon am Beispiel der Riesenschlange gesehen haben, ihre eigene Nahrung, wobei der Charakter der artgerechten Nahrung individuelle Spuren in Anatomie und Physiologie des konsumierenden Organismus hinterlässt. Zur besseren Verständlichkeit möchte ich zwei Beispiele anführen.

Bekanntlich ist der Organismus der Raubtiere physiologisch an die Verdauung von Tiernahrung, d.h. Fleisch, angepasst. Aber niemand serviert es dem Räuber auf einem Tablett, er muss es selbst erlegen. Und dafür braucht er schnelle Beine, scharfe Krallen und Eckzähne, welche auch eine Art anatomische »Identitätskarte« des Raubtiers sind. Offensichtlich ist es diese Einheit von Form und Inhalt, welche ihm das Überleben gestattet und die darum erhalten bleibt.

Das zweite Beispiel stammt aus der Welt der pflanzenfressenden Tiere. Die Hauptnahrung des Kamels ist die Kameldistel, eine anspruchslose Pflanze, wahrlich nicht reich an Eiweiß, Fetten und Kohlenhydraten. Nichtsdestoweniger befriedigt sie vollständig den Bedarf des Kamels an Energie und Substanz und gestattet es dem Tier, seine Körpermasse zu erhalten, große Entfernungen unter sengenden Sonnenstrahlen auf heißem Wüstensand zu überwinden und zu guter Letzt Reserven an Nährstoffen in Form von Fett in seinen Höckern zu speichern. Der gesamte Organismus des Tiers ist dem Verzehr der unscheinbaren Pflanze angepasst. Zum Beispiel achtete ich immer, wenn ich in der Wüste war, aufmerksam darauf, wie das Kamel frisst. Am meisten verwunderte mich, warum die Disteln nicht die zarten Mundscheimhäute verletzen, wenn man das beeindruckende Kamelmaul überhaupt als Mund bezeichnen kann. Als ich das Maul des Kamels genauer untersuchte, stellte sich heraus, dass darin eine Vielzahl lang gestreckter Warzen gleichsam die Disteln umwickeln, sodass sie nicht mehr stechen können.

Wenn Sie das Kamel auf eine andere Nahrung umstellen, vielleicht mit fettreichem Schaschlik füttern, wird es mit Sicherheit bald eingehen. Und versuchen Sie doch einmal umgekehrt einen Löwen mit Kameldisteln zu füttern. Er wird eher vor Hunger sterben als die Disteln anrühren.

Ist der Mensch ein Allesfresser?

Obwohl sie die Bedeutung der artgerechten Ernährung für alle biologischen Arten kennen, verneinen sowohl die Anhänger der orthodoxen wie auch der etwas modernisierten Ernährungstheorien ihre wichtige Rolle im Leben des Menschen. Sie schreiben dem Menschen die Fähigkeit zu, ohne Schaden für seine Gesundheit sowohl tierische als auch pflanzliche Nahrung zu verwenden. Auf welche Argumente stützt sich diese Behauptung?

Angeblich befindet sich der Mensch auf Grund der Beschaffenheit seines Verdauungstrakts zwischen Grasfressern und Raubtieren. Tatsächlich ist in unserem Organismus zum Beispiel die Länge des Magen-Darm-Trakts kürzer als bei den Grasfressern und länger als bei den Räubern. In unserem Magen-Darm-Trakt gibt es keine Abschnitte wie bei den Gras fressenden Tieren, wo das Futter einer primären Bearbeitung durch Bakterien und einfache Mikroorganismen unterzogen wird. Und gleichzeitig zeichnet sich der Magen des Menschen nicht durch die runde Form aus, die den Raubtieren eigen ist. – Es gibt noch viele Beispiele für derartige Unterschiede.

Als weiteres Argument wird angeführt, dass der Mensch neben der pflanzlichen auch tierische Nahrung aufnehmen kann. Es wird behauptet, dass er sich diese Fähigkeit im Laufe der Evolution angeeignet hat. Es scheint also, dass die Logik auf der Seite derer ist, die uns für Allesfresser halten.

Ja, anatomisch und physiologisch unterscheidet sich der Mensch sowohl von den Gras fressenden als auch von den Fleisch fressenden Tieren. Aber das bedeutet nicht, dass er sich zwischen ihnen befindet. Nach wissenschaftlichen Erkenntnissen gibt es eine dritte Gruppe im Tierreich: die Fruchtfresser. Und zu diesen gehört der Mensch. Seine artgerechte Nahrung sind Obst, Beeren, Getreide, Nüsse, Samen, Knollen, d.h. die Pflanzenteile, in denen die Konzentration von Nährstoffen unvergleichlich höher ist als in ihrem grünen Teil. So erklärt sich der Unterschied im Aufbau und in den physiologischen Funktionen des Magen-Darm-Trakts beim Menschen und bei den Grasfressern, denn Letztere fressen hauptsächlich grüne Pflanzenteile.

Die Besonderheiten der artgerechten Ernährung des Menschen nähern ihn jedoch nicht um ein Jota an die Fleischfresser an. Das Einzige, was sie gemeinsam haben, ist der hohe Nährwert der konsumierten Nahrung: Sowohl die »Früchte« als auch das Fleisch zeichnen sich durch einen hohen Nährwert aus. Daher rührt eine gewisse Ähnlichkeit (aber auch nicht mehr als eine Ähnlichkeit, welche noch dazu nur eine entfernte ist) im anatomischen und physiologischen Aufbau ihrer jeweiligen Verdauungstrakte.

Schauen wir uns die Fähigkeit des Menschen, in seiner Nahrung Fleisch zu verwenden, genauer an. Zunächst muss man sich fragen, was man eigentlich Fleisch nennen kann und was nicht. Das Raubtier ernährt sich vom Fleisch von Tieren, welche alle Eigenschaften des Lebenden bewahrt haben, u.a. auch die Fähigkeit zur Selbstverdauung. Der Mensch dagegen konsumiert nicht Fleisch im Sinn des Wortes, sondern eine leblose Kombination aus Eiweißen und Fetten, welche durch thermische und kulinarische Bearbeitung gewonnen wurde. Nebenbei bemerkt, hat er die Fähigkeit, das Fleisch anderer zu verwenden, erst erworben, seitdem er das Feuer beherrscht.

Obwohl der Mensch seit mehreren hunderttausend Jahren Fleisch isst, haben wir kein einziges anatomisches oder physiologisches Merkmal eines Raubtieres erworben. Uns sind keine scharfen Krallen und Eckzähne gewachsen. Die chemische Reaktion im Mund ist bei uns basisch geblieben und nicht sauer geworden, wie es für Raubtiere charakteristisch ist. Daher sind alle Versuche, eine gerade Linie zwischen den Grasfressern und Fleischfressern zu ziehen und irgendwo in der Mitte den Menschen anzusiedeln, zum Scheitern verurteilt.

Artgerechte Ernährung und Reinheit des Organismus

Hier geht es nicht nur darum, dass wir uns an eine bestimmte Art der Ernährung gewöhnt haben – oder uns gewöhnen können. Sehr viel richtiger ist die Aussage von Wladimir Wernadski, wonach die artgerechte Ernährung dem Organismus gestattet, seine nur ihm eigene chemische Zusammensetzung der Zellsubstanz zu bewahren. Vom Standpunkt der Energieversorgung und Selbstregulierung des lebenden Organismus aus sind diese Worte ausschlaggebend.

Beginnen wir damit, dass die Natur jeder biologischen Art ihr Energieversorgungssystem zugeteilt hat. Ob und wie es funktioniert, hängt davon ab, wie gut die Zellen rationell und ökonomisch die von außen erhaltene Energie und Substanz verwerten können.

Genauso wichtig ist es, dass von der Beständigkeit der chemischen Zusammensetzung der Zellen der Mechanismus der Selbstregulierung abhängt. Wenn sich ihre chemische Zusammensetzung ändert, beginnt das eingespielte System mit Abweichungen und Störungen zu arbeiten.

Gerade deshalb drückt das anatomische und physiologische »Porträt« jeder biologischen Art objektiv die funktionellen Besonderheiten aus, die sein Überleben garantieren. Der Organismus kann nicht einfach diese Besonderheiten von sich weisen, und sich mit neuen ausrüsten. Niemals wird der Elch auf Hasenjagd gehen und der Wolf Gras fressen. Nur der Mensch wurde durch die Beherrschung des Feuers fähig, das Fleisch seiner »geringeren Brüder« zu »nutzen«. Das Wort »nutzen« setze ich in Anführungsstriche, da der Fleischgenuss dem Menschen nichts gebracht hat außer Schaden, nämlich Überforderung und Aufzehrung der eigenen Ressourcen.

»Lass die Ressourcen Ressourcen sein«, sagt der Anhänger der ausgewogenen Ernährung. »Wichtig ist das Ergebnis!« Und er rechtfertigt den Fleischkonsum: »Der Organismus bekommt die ihm notwendigen Nährstoffe, seine Lebensfähigkeit wird gesichert – das ist die Hauptsache!«

Ich wäre mit diesem Argument einverstanden, wenn es um extreme Situationen ginge. Wenn es um das Überleben der menschlichen Art ginge, sagen wir in der Eiszeit.

Aber heute ist doch die Situation eine andere. Durch die Erfindung des Ackerbaus hat sich der Mensch von dem Zwang befreit, auf der Suche nach Nahrung große Entfernungen zurückzulegen. Jetzt kann er seine Nahrungsmittel ohne großen Aufwand direkt neben seiner Wohnstätte anbauen. Deshalb sollte auch das Fleisch als Nahrungsmittel jede Bedeutung verloren haben. Doch weit gefehlt. Der Mensch blieb bei seiner Gewohnheit, die sich in eine Art Sucht verwandelt hat, eine Gewohnheit, welche buchstäblich mit der Muttermilch eingeflößt wird. Aber während die tierische Nahrung den augenblicklichen Bedarf an Energie und Substanz deckt, wirkt sie gleichzeitig wie eine Zeitbombe, die mit einem chemischen Sprengsatz ausgestattet ist. Irgendwo in der Tiefe unseres Organismus laufen unsichtbar und unhörbar Zerstörungsreaktionen ab, bis sie zur unausweichlichen Explosion führen. Ob das ein plötzlicher Tod ist oder eine schwere unheilbare Krankheit, ist schwer zu sagen, das hängt vom »Glück« ab. Das Wesen ändert sich dadurch nicht – die Explosion ist unvermeidlich.

Und dennoch hat der Mensch die Möglichkeit, sich von seiner Unterwerfung unter die eigenen Leidenschaften zu lösen und der strengen Stimme des gesunden Verstandes zu folgen.

Ich rufe durchaus nicht zur Askese auf, zur Absage an alle irdischen Freuden, ohne die das Leben nur halb so schön wäre. Ich kann mir zum Beispiel kein Osterfest vorstellen ohne Osterkuchen und bemalte Eier und keinen Heiligabend ohne Weihnachtsgans. Aber ich bin absolut dagegen, dass man sich aus jedem Anlass oder auch ohne Anlass der Völlerei hingibt. Einem klugen Menschen passiert es nicht, dass er auf der Jagd nach falsch verstandenem Wohlbehagen den Rahmen der artgerechten Ernährung verlässt, die ihm vorgezeichnet ist. Ein kluges Maß in allem ist überhaupt eine Bedingung der menschlichen Existenz, sowohl in sozialer Hinsicht als auch in physiologischer.

In Wirklichkeit ist das Maßhalten eine uns vielleicht ungewohnte, aber natürliche Lebensweise. Und je früher wir uns mit ihr arrangieren, desto gesünder werden wir sein. Denn unser Organismus kann durchaus nicht nur die »auf dem Tablett servierten« Nährstoffe aufnehmen, sondern sie auch aus der Nahrung gewinnen, die er zu sich nimmt.

Das artgerechteste Lebensmittel

Das anschaulichste und unumstrittenste Beispiel für artgerechte Ernährung ist die Ernährung des Kleinkindes mit Muttermilch. Der Mensch wird als hilfloses und unreifes Wesen in die Welt gesetzt. Es vergehen viele Jahre, bevor sein Organismus endgültig geformt ist. So ist beispielsweise der Lungenapparat erst mit 18 bis 20 Jahren voll funktionsfähig. Und der Magen-Darm-Trakt bleibt für das ganze Leben geschädigt, wenn das Baby nicht die Milch seiner sich richtig ernährenden Mutter erhält.

Hier geht es aber nicht um den Nährwert der Muttermilch, welcher häufig übertrieben wird. Bezüglich Eiweiß, Fetten und Kohlehydraten bleibt sie hinter zahlreichen Lebensmitteln zurück, und auch ihr Kaloriengehalt ist vergleichsweise niedrig. Doch menschliche Muttermilch zeichnet sich durch einen besonderen Gehalt an Aminosäuren, Enzymen und Sekreten aus, welche der Säugling für seine normale Entwicklung braucht, sowie durch die in ihr enthaltene Energie und Information, welche die Entwicklung des Kindes reguliert. Diese Information ist für jede biologische Art eine andere. Während der Säugling seine Körpermasse erst zum 180. Lebenstag verdoppelt, reichen einem Hasenjungen dafür sechs Tage. Und das ist ganz logisch, wenn man bedenkt, dass die Häsin kraft ihrer anatomischen Besonderheiten das Junge nicht vor Räubern schützen kann. Seine Chancen zu überleben sind darum umso größer, je früher es die Reife erlangt.

Auf diese Weise hat die Natur dafür gesorgt, dass jede biologische Art eine Chance zum Überleben bekommt.

Seinerzeit hat mich die Versorgung des kindlichen Organismus mit der Muttermilch zum Nachdenken über den Energiebedarf des Menschen gebracht. Das Beispiel des Babys, das sich trotz der minimalen Menge an eiweißarmer Nahrung dynamisch entwickelt und schnell wächst, war ein wunderbares Modell bei meiner Entwicklung kalorienarmer und eiweißarmer Nahrungsrationen.

So entstand auch die Idee vom Prinzip der energetischen Zweckmäßigkeit: Der menschliche Organismus ist fähig, alle Formen von Energie, welche in seiner Umwelt vorhanden sind, aufzunehmen und sie zur Befriedigung seiner vielseitigen Bedürfnisse zu verwenden. Dabei kann er den Nahrungsbedarf senken, die Gesundheit stärken und das Leben verlängern. Die Experimente an mir selbst, welche bereits 50 Jahre andauern, sowie die Erfahrungen meiner zahlreichen Nachahmer haben die Richtigkeit und Aktualität dieser Idee vollständig bestätigt.

Wie viele Energiequellen hat der Mensch?

Wie bereits mehrfach erwähnt, herrscht in der Wissenschaft bis heute die Theorie der ausgewogenen Ernährung vor. Ihre Anhänger behaupten, dass die einzige äußere Energiequelle des Menschen die Nahrung ist, und dass Ernährung nichts anderes ist als das Aneignen von Stoffen, welche der Organismus braucht, um die verbrauchte Energie zu ersetzen und die Gewebe zu erneuern und aufzubauen.

In meiner Jugend habe ich wie die absolute Mehrheit

meiner Ärztekollegen diesen Glauben geteilt. Die Theorien habe ich sowohl an der medizinischen Hochschule als auch während meiner dreijährigen Ordinatur an einer chirurgischen Klinik studiert. Aber während des Krieges mit Finnland und im Großen Vaterländischen Krieg, als ich auf viele Fragen selbstständig eine Antwort suchen musste, keimten in mir erstmals Zweifel an der Wahrhaftigkeit dieser Theorie.

In meiner Arbeit als Feldchirurgin gab es viele außerordentlich stressbeladene Situationen. Ich hatte mit schwersten Verwundungen zu tun, und man musste sehr schnell herausfinden, wie man dem Menschen helfen konnte, und welche Naturkräfte man ihm dabei zu Hilfe rufen konnte. Damals kam mir auch zum ersten Mal der Gedanke, Lebensmittel als Heilmittel zu verwenden. Ich begann, die Vorzüge der vegetarischen Kost zu verstehen, und in mir entstand schrittweise die Vorstellung einer heilkräftigen Ernährung, welche die heilenden Eigenschaften von Nahrungsmitteln, welche ihre biologischen Eigenschaften bewahrt haben, bewusst ausnützt.

In den schwersten Fällen von Gasbrand an den Gliedmaßen und sogar bei Verletzungen, welche durch Tetanus verkompliziert wurden, erzielte ich positive Ergebnisse: Ich ergänzte den lebenswichtigen Bedarf des Menschen an Nahrung durch frisch zubereitete Gemüse- und Obstsäfte und wendete immer mehr natürliche Heilverfahren an.

Später brachte ich diese Erfahrungen in das Institut für Neurochirurgie ein, wo ich mit dem Problem konfrontiert war, dass im postoperativen Stadium die Gefahr eines Gehirnödems besteht. In meiner persönlichen chirurgischen Praxis hatte ich – bei einer entsprechenden Vorbereitung und postoperativen Behandlung des Patienten – niemals mit einer derartigen Komplikation zu tun.

Verständlicherweise habe ich auch im System der natürlichen Gesundung die Frage der Heilkraft der Nahrung an eine der vordersten Stellen gesetzt. Trotzdem räume ich der psychologischen und geistig-seelischen Verfassung bzw. Ausrichtung des Menschen den ersten Platz ein.

Die Zweifel an der Unfehlbarkeit der Theorie der ausgewogenen Ernährung ließen mir keine Ruhe. Und die Ansichten des großen Gelehrten Wernadski sowie die des Vaters der Kosmobiologie Alexander L. Tschischewski* hatten einen großen Einfluss auf mich. Beide waren der Meinung, dass alle lebenden Organismen – darunter auch der menschliche – über die Eigenschaften verfügen, die Energie des Kosmos aufzunehmen, sie zu akkumulieren, sie im Verlauf der Lebenstätigkeit umzuwandeln und dann wieder in den sie umgebenden Raum auszustrahlen.

Auf Grund meiner langjährigen Experimente kann ich voller Überzeugung behaupten, dass solche Eintrittskanäle für Energie in den Organismus existieren. Dabei hat ihre tief gehende wissenschaftliche Erforschung praktisch noch nicht einmal begonnen.

Warum sind für mich die Fragen der Energieversorgung des Organismus von so großer, sogar entscheidender Bedeutung? Von einer richtigen Antwort darauf hängt

* Alexander Leonidowitsch Tschischewski, 1897–?, russischer Kosmobiologe; 1939 vom Internationalen Kongress der Biophysik und Kosmobiologie als »Leonardo da Vinci des 20. Jahrhunderts« für den Nobelpreis nominiert, welcher dann wegen des Kriegsbeginns nicht verliehen wurde

unmittelbar ab, welche Nahrungsmenge wir brauchen und welche Qualität diese haben muss.

Die moderne Biologie verfügt über keinerlei ernsthafte Arbeiten auf dem Gebiet eines einheitlichen Systems der Energieversorgung des menschlichen Organismus. Darum wenden wir uns den Ideen und Hypothesen unserer großen Vorfahren zu, sowie zeitgenössischer Wissenschaftler, welche die Welt in ihrer Ganzheitlichkeit wahrnehmen und den Menschen als ein Teilchen dieser Welt betrachten.

Tatsächlich ist der Mensch ein untrennbarer Teil der lebenden Substanz, der Gesamtheit der existierenden Organismen. Erstens ist er mit der lebenden Materie durch seine Herkunft verbunden. Bei der Zeugung erhält er ein Programm für seine weitere Entwicklung, welches in seinem genetischen Code festgelegt ist. Die weitere Existenz des lebenden Organismus hängt von seiner Fähigkeit ab, aus der Umwelt die ihm erforderliche Energie zu beziehen, welche ihm als Baumaterial dient. Dafür verfügt er über bedeutend breitere Möglichkeiten, als die Anhänger der modernen Ernährungstheorie annehmen. Was sind das für Möglichkeiten?

Sehen wir uns dazu zwei Situationen aus dem Alltag an.

Erstes Beispiel: Sie kommen völlig durchgefroren nach Hause, es wird Ihnen einfach nicht warm. Dann nehmen Sie eine Tasse mit heißem Tee in die Hand, und sofort beginnt eine belebende Wärme in Ihre Finger zu dringen. Das heißt, eine gewisse Energiemenge ist bereits durch die Haut in Ihren Organismus gedrungen. Nun trinken Sie den Inhalt der Tasse aus. Natürlich sind keinerlei Nährstoffe in Ihren Verdauungstrakt gedrungen, aber Ihnen ist wärmer geworden.

Zweites Beispiel: Es ist Frühling, Sie sitzen im Schatten eines Baumes, es bläst ein kühler Wind. Sie frösteln ein wenig und gehen daraufhin in die Sonne. Ihnen wird sofort warm.

Beide Reaktionen kennen Sie, denn Sie können mit unseren Sinnen wahrgenommen werden. Es sind also gewöhnliche, alltägliche Dinge, welche eigentlich nicht in den Bereich der Wissenschaft fallen. Aber es gibt auch nicht wenige »wissenschaftliche« Fakten, welche in der Fachdiskussion zum Thema Energieversorgung des Organismus und seiner Substanzbildung bedauerlicherweise ignoriert werden. Ich habe bereits von den Forschungen über die Möglichkeit der unmittelbaren Aneignung des Luftstickstoffs zur Bildung von tierischem Eiweiß berichtet. An diesem Problem arbeitete der große Physiologe I.M. Setschenow, der seine Aufmerksamkeit auf den Gehalt von Stickstoff im arteriellen und venösen Blut richtete. Nach seinen Angaben ist im arteriellen Blut, welches durch Gase aus der Atmosphäre angereichert ist, deutlich mehr Stickstoff enthalten als im venösen, welches durch die Körpergewebe geflossen ist. Daraus kann man schließen, dass der atmosphärische gasförmige Stickstoff vom Organismus absorbiert wird.

Setschenows Forschungen wurden von Wolski fortgesetzt. Er richtete seine Aufmerksamkeit auf zwei Möglichkeiten, wie der gasförmige Stickstoff im menschlichen Körper in Eiweiß umgewandelt werden kann: erstens mithilfe von Bakterien, welche sich in den oberen Atemwegen des Menschen sowie im Dickdarm befinden; zweitens durch die Aneignung des Luftstickstoffs durch die Zellen des lebenden Organismus. Nach Berechnungen von Wolski kann man annehmen, dass der menschliche

Organismus beim Atmen pro Tag 18 Gramm Stickstoff aufnehmen kann. Und eine solche Menge ist ausreichend für die Produktion von 112 Gramm Eiweiß im Körper.

Amerikanische Wissenschaftler haben ebenfalls herausgefunden, dass der Organismus unmittelbar aus der Atmosphäre Stickstoffverbindungen auffangen kann, welche für alle lebenden Wesen nützlich sind. Als Hauptquelle für diese Stickstoffverbindungen dienen die etwa 100 Blitze, die jede Sekunde in die Erde einschlagen. In ihren zwei Jahre dauernden Untersuchungen haben sich die Wissenschaftler davon überzeugt, dass die Blitze ebenso viele Stickstoffverbindungen erzeugen wie andere natürliche Quellen.

Nicht zu vergessen ist auch die verblüffende Ähnlichkeit des Bluthämoglobins mit dem Chlorophyll der Pflanzen. Dieses kann mithilfe der Energie der Sonnenstrahlen den in der Atmosphäre enthaltenen Stickstoff und andere chemische Elemente binden.

Wir dürfen die Möglichkeiten zur Gewinnung von Energie unabhängig von der Nahrungsaufnahme nicht ignorieren. Dazu gehört auch die Resonanzenergie, welche von der Übereinstimmung der Schwingungen zwischen Strukturen des menschlichen Körpers und des Kosmos herrührt. Dies bedeutet, dass unser energetisches System Energie von kosmischen Strahlen erhält. Hier gibt es noch viel zu tun für die Wissenschaftler, welche sich dem Problem des Energieaustausches der lebenden Materie gewidmet haben.

Solange es keine seriösen Untersuchungen in dieser Richtung gibt, ist es müßig, über die quantitative Seite zu sprechen, über den Anteil an Energie, welchen wir neben der Nahrung aufnehmen. Denken wir über eine andere Frage nach: Wozu braucht das Energiesystem des lebenden Organismus eine Verbindung mit dem Kosmos? Die Frage scheint schwierig zu sein, dabei geben wir uns die Antwort täglich, ja minütlich durch unser ganzes Verhalten.

Die Formel der Langlebigkeit

Haben Sie schon einmal einen Pfad ausgetreten, der die Strecke zum nächstgelegenen Bäcker oder zur nächsten Bushaltestelle verkürzt hat? Wahrscheinlich kennen Sie so etwas. Und der Grund ist nicht einfache Bequemlichkeit. Hier wirkt ein Gesetz, welches von uns bis jetzt als eine Äußerung des gesunden Menschenverstands aufgefasst wurde: Je kürzer der Weg, desto weniger Zeit und Energie verwenden wir für ihn. Vielleicht hat dieses Gesetz auch andere, präzisere Bezeichnungen, ich aber ziehe es vor, vom *Prinzip der energetischen Zweckmäßigkeit* zu sprechen. Auf der Grundlage dieses Prinzips ist die gesamte lebende Natur aufgebaut.

Um sein Wesen besser zu erklären, schlage ich Ihnen folgendes kleine Gedankenexperiment vor: Sie wollen einen Topf mit Wasser erhitzen. Dafür haben Sie zwei Möglichkeiten. Entweder können Sie in den Hof hinausgehen, Brennholz besorgen, einen Eisenherd anfeuern und den Topf mit Wasser aufsetzen. Oder Sie zünden den neben dem Eisenherd stehenden Gaskocher an, und in wenigen Minuten ist das Wasser heiß. Man kann annehmen, dass Ihre Entscheidung von den Bedingungen des Experiments selbst bestimmt wird.

Die Natur hat in unseren Organismus sowohl einen

russischen Herd – die Verdauungsorgane – als auch eine Vielzahl von Gaskochern eingebaut, welche dort angesiedelt sind, wo von Zeit zu Zeit der Bedarf an geringen Energiemengen besteht. Zum Beispiel muss im Lungengewebe unbedingt Fett vorhanden sein. Dies ist ein untrennbarer Teil des energetischen Systems des Menschen und für die Erwärmung der Atemluft notwendig. Wir wissen bereits, dass die Luft in den Alveolen der Lunge eine ganz bestimmte Temperatur haben muss: 36,7 Grad Celsius. Angenommen, Sie gehen bei -40 Grad Celsius ins Freie, dann muss die von ihnen eingeatmete Luft innerhalb weniger Sekunden um mehr als 70 Grad Celsius erwärmt werden. Sogar rein technisch ist die Aufgabe schwer zu bewältigen, der Organismus schafft dies aber problemlos: Er verwendet dafür die bei der Fettoxidation im Lungengewebe frei werdende Wärme.

Übrigens gibt es eine ähnliche Vorrichtung auch im oberen Teil des Rückens, wo Fettgewebe die großen Blutgefäße umhüllt. In Extremsituationen wird der Energiegehalt des Fetts für die Erwärmung des Blutes verwendet, welches in das Hirn fließt.

Das Energiesystem unseres Körpers ist also ziemlich dezentralisiert und schließt mehrere Ebenen der Energiegewinnung ein. Nun könnte man fragen, wozu so ein »Pluralismus« notwendig ist, wo doch jedes System, jedes Organ einen klar umrissenen Aufgabenkreis hat. Unser zentrales Nervensystem steuert den Organismus doch ganz verlässlich, und eine übertriebene Autonomie eines Bereichs kann eine Disharmonie in die Tätigkeit des gesamten Organismus bringen.

Man könnte über dieses Thema streiten, wobei der Streit in höchstem Maße heftig, aber auch fruchtlos wäre.

Fruchtlos deshalb, weil die Natur das Problem ohne uns und für uns gelöst hat.

Zahlreiche Wissenschaftler sind der Ansicht, dass die Energie, welche durch die lebende Materie fließt, mit dem Strom der Zeit vergleichbar ist, dessen Intensität unmittelbar auf die Lebensdauer des Organismus Einfluss nimmt. Je mehr Energie wir in einer Zeiteinheit durch uns durchlassen, desto kürzer ist unsere irdische Existenz.

Diese Gesetzmäßigkeit lässt die Dezentralisation des Energieaustauschs in einem völlig neuen Licht erscheinen. Unter diesen Bedingungen muss der Energiehaushalt des Lebens tatsächlich bis zur Knausrigkeit ökonomisch sein. Das rechtfertigt die Existenz sämtlicher Energiequellen. Dort, wo man bildlich gesprochen im Organismus nur ein winziges Lämpchen anzumachen braucht, ist es sinnlos, einen ganzen Atomreaktor in Gang zu setzen. Im Zusammenhang damit verändern sich die Vorstellungen von der Art und Menge der Nahrung des Menschen, von seiner Lebensweise und von der direkt damit zusammenhängenden mittleren Dauer der menschlichen Existenz.

Bekanntlich ist keine einzige Lebensform von der Natur im Hinblick auf eine individuelle Unsterblichkeit des einzelnen Organismus konstruiert. Die Dauer seines Lebens hängt von vielen konstanten und variablen Faktoren ab.

Zu den konstanten Faktoren gehört die durchschnittliche Energiemenge, welche ein gesunder Vertreter einer bestimmten biologischen Art im Verlauf seines gesamten Lebens verbrauchen kann. Für den Menschen beträgt dieses energetische »Limit« etwa 50 000 000 Kilokalorien, und zwar nach Berechnungen, die von Verfechtern der ausgewogenen Ernährung selbst durchgeführt wurden.

Abweichungen von diesen Werten können unterschiedliche Gründe haben, welche in der Regel zeitlich begrenzter Natur sind. Dazu gehören die psychologischen, physischen, sozialen, berufsbedingten und klimatischen Wechselbeziehungen des Menschen mit der Außenwelt, die den Energieverbrauch stark beeinflussen können und damit auch die Lebensdauer des einzelnen Menschen. Aber da wir uns mit der biologischen Art als Ganzes beschäftigen, werden wir von Mittelwerten ausgehen.

Als Grundlage stellen wir eine einfache Formel auf. Wir bezeichnen die durchschnittliche Energiemenge, welche unser Organismus in seinem Leben braucht, mit E_1, den durchschnittlichen täglichen Energieverbrauch mit E_t und die Lebensdauer mit D_1. Somit kommen wir auf folgendes Verhältnis:

$$E_1 : E_t = D_1$$

Schauen wir uns an, was aus dieser Formel für jeden von uns folgt. Berechnen wir zunächst die Lebensdauer, welche uns von den Anhängern der Theorie der ausgewogenen Ernährung zugemessen wird. Das »Limit« an Energie, welches vom Menschen im Laufe seines Lebens verwendet werden kann, ist demzufolge 50 000 000 Kilokalorien, die durchschnittliche Tagesenergiemenge, die unser Körper braucht, wird mit 2500 bis 3000 Kilokalorien angegeben.

50 000 000 : 2500 = 20 000 Tage oder etwa 55 Jahre

Und jetzt vergleichen wir. Eine durchschnittliche Tagesration im System der natürlichen Gesundung beträgt weniger als 1000 Kilokalorien. Dabei ist das keine hochgerechnete, sondern eine reale Zahl, welche durch langjährige Erfahrung von zehntausenden Menschen, die nach natürlichen Grundsätzen leben, bestätigt wurde. Wir sind nicht kleinlich und runden auf 1000 Kilokalorien auf. Im Ergebnis erhalten wir:

50 000 000 : 1000 = 50 000 Tage oder 137 Jahre

Das ist nicht einfach Arithmetik, sondern das Leben. Es sind nicht wenige Fälle bekannt, wo Menschen wesentlich länger lebten.

Aber ich muss sofort einschränken: Diese Berechnung wird nur dann richtig sein, wenn der Mensch vom Säuglingsalter an natürliche Nahrung bekommt. Meist wenden sich die Menschen erst dann meinem System zu, wenn das Limit der ihnen zugeteilten Energie in einem bedeutenden Maß ausgeschöpft ist und ihr Organismus von zahlreichen chronischen Krankheiten befallen ist. Aber auch dann hilft ihnen das System, wieder gesund zu werden.

Ich behaupte jedoch nicht, dass man die hier angeführten Berechnungen verabsolutieren sollte. Der große Iwan Pawlow hat betont, dass der menschliche Organismus nicht nur ein sich selbst regulierendes, sich selbst ausrichtendes und sich selbst vervollkommnendes System ist. Vorausgesetzt, dass die von der Natur vorgeschriebenen Bedingungen gegeben sind, kann sich durchaus herausstellen, dass der Organismus des vernünftigen Menschen die Zeitgrenzen seiner Existenz bis zu einem Punkt hinausschiebt, welcher uns heute bloß fantastisch erscheinen würde. Was hindert uns, die heute existierende Lage zu verändern?

Bei aller Attraktivität der artgerechten Ernährung gibt es nicht wenige subjektive und objektive Gründe, welche die Menschen von dem entscheidenden Schritt zurückhalten, nämlich auf die Verwendung von pflanzlicher Nahrung umzusteigen. Der wichtigste Grund ist die Gewohnheit, den eigenen Körper zu verwöhnen, ohne an die Folgen von Verfressenheit zu denken.

Sobald es darum geht, konkret zu handeln, tritt die Macht der Gewohnheit auf den Plan. Und diese beharrt auf dem Menschen nicht zuträglichen, aber von ihm so lieb gewonnenen Nahrungsmitteln, und der Wille zur Veränderung kommt fast vollständig zum Erliegen.

Doch der Mensch ist schließlich mit Vernunft begabt und demzufolge fähig, sich von seinen in Jahrzehnten herausgebildeten Ansichten zu verabschieden, sobald diese der Realität widersprechen. Ich gebe zu, dass das nicht einfach ist, zumal der Organismus und jede seiner Zellen darauf ausgerichtet ist, eine erhöhte Energiemenge zu benötigen, und dies im Unterbewusstsein als Norm definiert ist. Ein Abweichen von dieser Norm wird als Alarmsignal verstanden. Ich würde den durch die ausgewogene, gemischte Ernährung missgestalteten Organismus mit einem falsch gestimmten Musikinstrument vergleichen. Der talentierteste Musiker kann auf ihm nicht einmal die einfachste Melodie spielen: Man muss das Instrument neu stimmen. Das ist schon nicht einfach, wenn es nur um das Nachspannen einiger Saiten geht. Aber stellen Sie sich vor, um wie viel komplizierter die Aufgabe wird, wenn man es mit Milliarden lebender Zellen zu tun hat, von denen jede einzelne ihren »Klang« verändern muss, mit Dutzenden und Hunderten von lebenserhaltenden Organen und Systemen, welche ganze »Orchester« bilden. Und diese Orchester müssen jetzt gemeinsam umlernen und eine völlig neue, ungewohnte Weise der Interpretation erlernen. Also werden wir nicht allzu streng über die Menschen urteilen, welche sich dazu nur in einer ausweglosen Lage entschließen, wenn es nämlich um ihr Leben geht.

Aber Verständnis heißt noch nicht Einverständnis. Der Weg, den die Menschheit heute eingeschlagen hat, das ist der Weg der Krankheiten, der Leiden, welcher das auch ohnedies nicht einfache und unnatürliche kurze Leben noch schwerer und kürzer macht. Und eine sehr wichtige Rolle spielt dabei die Theorie der ausgewogenen Ernährung. Ich werde hier nicht meine Kritik an ihr wiederholen. Ich beschränke mich darauf, einen Teil der objektiven, von vielen Gelehrten anerkannten Fakten zu erläutern, welche die zerstörerische Wirkung der Nahrung tierischer Herkunft auf den menschlichen Körper beweisen.

Schaff dir keinen Götzen

Schon in der Zeit ihrer Entstehung erklärte die Theorie der ausgewogenen Ernährung die Eiweiße – vor allem tierischer Herkunft – zur idealen Nahrung für den Organismus. Es wurde behauptet, dass sie die meisten für den Menschen erforderlichen Stoffe und Elemente enthalten, welche es ermöglichen, die vom Organismus verbrauchte Energie zu kompensieren. Gegen alle Fakten und gegen die Erfahrung der vegetarischen Ernährung wandert die These von den essenziellen Aminosäuren, welche im menschlichen Organismus nicht erzeugt werden und ihm von außen durch das Fleisch von Tieren, durch Fische und Milchprodukte zugeführt werden müssen, von Dissertation zu Dissertation, von Monografie zu Monografie. Es wird der hohe Verwertungsgrad des tierischen Eiweißes unterstrichen, was es angeblich zum effektivsten Nahrungsmittel macht. Das Leben und die Entwicklung der Wissenschaft haben diese Argumente widerlegt.

Erstens gibt es im Fleisch nur 52 Prozent vom menschlichen Organismus verwertbare Substanz, während es in der pflanzlichen Nahrung 94 Prozent sind. Außerdem ist im Fleisch das Verhältnis zwischen den vom Menschen benötigten Nahrungselementen wesentlich unausgewogener als in den Pflanzen. Das Fleisch der Tiere wird erst durch eine aufwendige Bearbeitung genießbar, in deren Prozess alle Eigenschaften des lebenden Muskelgewebes abgetötet werden und der Mechanismus der Selbstverdauung zerstört wird. Es verwandelt sich in eine einfache Ansammlung lebloser Eiweiße, Fette und Kohlehydrate. Im Ergebnis verbraucht der Mensch ungerechtfertigt viel Energie für seine Verdauung. Wenn sich der Mensch mit frischen Lebensmitteln pflanzlicher Herkunft ernährt, welche die Eigenschaften des Lebendigen bewahrt haben, benützt er in vollem Maß den in den Pflanzen vorhandenen Mechanismus der Selbstverdauung.

Zweitens hat sich herausgestellt, dass im menschlichen Organismus alle erforderlichen Aminosäuren gebildet werden können, darunter auch die so genannten essenziellen. Dies geschieht unter anderem in der Mikroflora unseres Dickdarms.

Drittens hat sich die hohe wärmeerzeugende Fähigkeit des Fleischeiweißes nicht als Segen erwiesen, sondern als Unglück für den Menschen – und zwar auf Grund des geringen Wirkungsgrades. Untersuchungen haben gezeigt, dass für die gleiche Leistung um 32 Prozent mehr tierische Eiweiße verbrannt werden müssen als Kohlehydrate.

Mit diesen Feststellungen ist der Schaden, der dem Organismus durch den Konsum von Fleisch zugefügt wird, längst nicht vollständig beschrieben. Seine schlimmste Konsequenz besteht aber in einem Phänomen, dessen Gefahr die Mehrheit von uns noch nicht im vollem Maß erkannt hat. Ich meine die beschleunigte Entwicklung der Kinder (Akzeleration). Die Wissenschaftler sind der Ansicht, dass diese sich auf die geistige und körperliche Gesundheit sowie auf die Lebensdauer der Menschen auswirken wird. Die natürliche Immunität wird vermindert, und die Jugendlichen werden früher geschlechtsreif, sodass sie zu einem Zeitpunkt Kinder bekommen, wo das Gefühl der Verantwortung für diese noch vollständig fehlt.

Aufgrund der Akzeleration wird ein großer Teil der Energie, die dem Menschen für sein ganzes Leben zur Verfügung steht, schon in jungen Jahren vergeudet. All die Ekzeme und andere Kinderkrankheiten, die mit der schwammigen und nichts sagenden Formel »Stoffwechselstörung« erklärt werden, sind nichts anderes als das Ergebnis einer blinden Elternliebe, welche nicht durch den festen Rahmen eines gesunden Menschenverstandes begrenzt ist. Durch die überflüssige Anreicherung der Nahrung des Kindes mit Fleisch und Süßigkeiten verkürzen sie ungewollt sein Leben.

Für diejenigen, die ernsthaft beschlossen haben, ihr Leben nicht bewusst zu verkürzen, führe ich noch einige Fakten an. Sie beziehen sich auf den Fleischkonsum und zeugen davon, dass die Menge der Abfallprodukte, die sich in unserem Organismus bilden, den Energieverbrauch bestimmt, der für ihre Beseitigung erforderlich ist. Die Eiweißzerfallsprodukte, besonders die tierischen, werden von den Nieren abgesondert und brauchen für ihre Auflösung mindestens 42 Gramm Wasser pro Gramm Eiweiß. Dagegen werden die Verbrennungsprodukte von Kohlehydraten und Fetten in Form von Kohlensäure durch die Lunge entsorgt bzw. in Form von Wasser durch Haut, Lunge und Nieren. Deshalb ist eine zusätzliche Wassermenge hierfür nicht erforderlich, und folglich reduziert sich die Menge des Urins bei gleichzeitiger Normalisierung seiner Zusammensetzung.

Es ist außerdem zu berücksichtigen, dass die Zerfallsprodukte der tierischen Eiweiße das innere Milieu des Organismus verunreinigen, was den Halbleitereffekt seiner Gewebe reduziert und somit die Fähigkeit zur Selbstregulierung herabsetzt.

Fakten sind das Brot der Wissenschaft – meine Experimente

Das Konzept der heilkräftigen Ernährung ist nicht aus dem Nichts entstanden. Ich habe eine ganze Reihe eigener Experimente durchgeführt, die mir gezeigt haben, wie wenig die Vorstellungen der Theoretiker der ausgewogenen Ernährung wert sind. Die Ergebnisse der Experimente wurden von Experten des Wissenschaftlichen Forschungsinstituts für Körperkultur dokumentiert.

Meinem ersten offiziell registrierten und von der Expertenkommission akzeptierten Experiment mit Supermarathon-Athleten ist eine lange und komplizierte Vorbereitung vorausgegangen. Worin aber bestanden Wesen und Ziel des Experiments?

1983 hatten wir beschlossen, dass beim jährlichen Supermarathon eine Gruppe von Sportlern teilnehmen sollte, welche auf natürliche pflanzliche Nahrung umgestiegen waren. Die Kontrollgruppe war praktisch die gesamte übrige Teilnehmerschaft des Supermarathons, aber für das Protokoll wurden vier Sportler ausgewählt, die nach dem Trainingsniveau und nach ihren körperlichen Möglichkeiten etwa den Mitgliedern meiner Experimentalgruppe entsprachen.

Die Nahrungsration der Sportler der Kontrollgruppe war nach den Normen zusammengesetzt, die vom Institut für Lebensmittelforschung ausgearbeitet waren, und beinhalteten kalorienreiche Nahrung mit 180 Gramm tierischem Eiweiß, 200 Gramm Fett und 900 Gramm Kohlehydraten – zusammen etwa 6000 Kilokalorien. »Meine« Sportler dagegen erhielten in der Vorbereitungszeit zu dem 500 Kilometer langen Lauf nicht mehr als 800 Kilokalorien täglich, und in den Tagen der höchsten Belastung, also beim eigentlichen Lauf, nahmen sie 1200 Kilokalorien zu sich.

Am Vorabend des Starts gaben die Mitglieder der Kommission ihren Zweifeln an meinem Experiment deutlich Ausdruck. Sie versuchten mich zu überzeugen, dass die

Mitglieder meiner Gruppe schon nach den ersten Kilometern aufgeben würden, wenn ich sie nicht mit Fleisch, Wurst, Käse und Quark verköstigte, wenn sie keinen schwarzen Tee mit Zucker bekämen, und wenn ich ihre Kräfte nicht mit gesalzenem Zwieback stärken würde. Sie warnten mich, dass bei Salzmangel im Organismus Muskelkrämpfe unvermeidlich seien. Aber schon am zweiten Tag wurden die Gesichter der Kommission nachdenklich, und am dritten wurden sie wieder fröhlicher – weil sie sahen, dass das Experiment entsprechend meinem Drehbuch vor sich ging. Die Mitglieder der Kontrollgruppe erreichten das Ziel der Etappe entkräftet, im Gegensatz zu meinen Schützlingen, welche frisch und munter waren. Die objektiven Untersuchungsergebnisse zeugten davon, dass meine Sportler im Vergleich zu ihren Konkurrenten sich als ausdauernder erwiesen hatten und nicht nur keine Körpermasse abbauten, sondern sogar noch zulegten.

Die Ergebnisse des Experiments beeindruckten das Sportkomitee, und man gab mir die Möglichkeit, für weitere Versuche die besten Sportler des Landes auszuwählen. Ich konnte unsere sportliche Elite kennen lernen und die Lebensweise dieser Menschen studieren. Seither habe ich große Hochachtung vor diesen mutigen, zielstrebigen Mädchen und Burschen, die ihr Leben der ständigen Selbstüberwindung gewidmet haben, der Erringung immer neuer Ergebnisse, die, wie es schien, an der Grenze des Menschenmöglichen lagen. Aber gleichzeitig wurde mir deutlich, dass hier der Akzent ausschließlich auf die Weiterentwicklung der Anlagen der Sportler gesetzt wird, jedoch nicht auf die Entwicklung ihrer geistigen und körperlichen Gesundheit. Mit anderen Worten, es wird alles getan, um aus ihnen das höchste Ergebnis herauszupressen, ohne sich viel darum zu sorgen, wie sich das auf ihre Gesundheit auswirkt, auf ihre Lebensdauer als Sportler und als Mensch. Damals wurde mir verständlich, warum viele Sportler häufiger und schwerer erkranken als gewöhnliche Menschen.

Es gelang mir, zwei hervorragende Sportlerinnen für mein System der natürlichen Gesundung zu interessieren – die Meisterin der Internationalen Klasse im Marathonlauf, Raissa Smechnova und die Meisterin im Laufen, Anna Charitonova. Bereits bei dem Supermarathon von 1984 überwand Anna Charitonova, die eine überzeugte Anhängerin des Systems der natürlichen Gesundung geworden war, die Distanz von 450 Kilometern in nicht ganz fünf Tagen. Dabei erreichte sie als einzige Frau in einer Gruppe von 40 Männern den sechsten Platz. Und was besonders bemerkenswert war: Sie verlor nicht ein Gramm ihrer Körpermasse.

Raissa Smechnova verzichtete ebenso entschlossen wie Anna Charitonova auf die reichlichen Essensrationen, die sonst bei Leistungssportlern üblich sind, und stieg auf pflanzliche Nahrung um. Sie hatte erst drei Monate nach meinem System gelebt, als sie schon als Erste unserer Marathonläuferinnen auf dem Ehrenpodest der internationalen Wettkämpfe in Helsinki stand. Und das mit 32 Jahren!

Ein wichtiger Aspekt für den Erfolg des Systems der natürlichen Gesundung ist der feste Wille. Ein sehr gutes Beispiel hierfür ist die Geschichte einer Teilnehmerin des experimentellen Langstreckenlaufes 1983, Elvira Marinitscheva. Vor dem Beginn einer Übungsstunde in meiner Gesundheitsgruppe wandte sich eine wunderschöne, zierliche Frau mit einem klugen, willensstarken Gesichtsausdruck an mich und bat mich, sie ohne medizinisches Gutachten in meine Gruppe aufzunehmen. Es stellte sich heraus, dass ihr Hausarzt ihr diese Erlaubnis auf Grund des Kardiogramms nicht ausstellen wollte.

Mit gefiel Elviras Hartnäckigkeit und ihr aufrichtiger Wunsch, ihre Gesundheit wieder herzustellen. Nach einer eingehenden ärztlichen Untersuchung kam ich zu dem Schluss, dass sie einer viel stärkeren Belastung gewachsen ist, als ich es in meiner Gesundheitsgruppe fordere, und so begann ich, sie auf die Teilnahme am Supermarathon vorzubereiten. Ich teilte Elvira einer Gruppe von Frauen zu, die nach meinen Instruktionen trainierten. Sie trafen sich täglich frühmorgens und liefen vor Arbeitsbeginn 10 bis 15 Kilometer im dynamischen autogenen Training, badeten den ganzen Herbst und Winter über in einem offenen Gewässer und machten Yoga und Atemübungen nach dem System der natürlichen Gesundung.

Die Ausdauer und Zielstrebigkeit Elviras halfen ihr, mit ihrem Leiden zurechtzukommen. Derselbe Arzt, der ihr seinerzeit nicht gestattet hatte, an einem gewöhnlichen Training teilzunehmen, war genötigt, ihr eine ärztliche Bescheinigung auszustellen, die sie zur Teilnahme am Supermarathon berechtigte.

Dieses Beispiel zeigt, welch eine große Rolle die geistigen Qualitäten des Menschen bei seiner Genesung spielen, sein Wille, sein Verstand und zweifellos sein Wissen, welches er im System der natürlichen Gesundung erwirbt.

Die Untersuchungen, die im Verlauf des Experiments von Psychologen durchgeführt wurden, haben noch eine weitere Gesetzmäßigkeit an den Tag gebracht: Jene Teilnehmer an dem Langstreckenlauf, welche nach meinem System lebten, zeichneten sich durch emotionale und psychische Stabilität in ihren Beziehungen mit der Umwelt aus, durch größeres Wohlwollen, mehr Ruhe und größere Hilfsbereitschaft.

Als ich mit den Supermarathonläufern fertig war, entschloss ich mich, meine Experimente mit Bergsteigern fortzusetzen. Ich will sie hier nicht ausführlicher beschreiben, sondern nur auf die Aspekte eingehen, welche Sie an die Rolle Ihres Bewusstseins und Ihres Willens beim Übergang zu der von der Natur vorgesehenen Lebensweise erinnern sollen. Unter den drei Bergsteigern, die an meinem Experiment teilnahmen, besaß einer einen klassischen Körperbau, weswegen er sogar von Männern Apollo genannt wurde. Außerdem zeichnete er sich durch seine Strenge in der Ernährung aus. Er war bereits vor unserem Experiment ein überzeugter Vegetarier: Sein engster Freund war schon früh an Krebs verstorben. Nach vielen Stunden am Krankenbett des sterbenden Freundes schwor sich der junge Mann, von dem die Rede ist, dass er in Erinnerung an seinen Freund sein Leben nicht auf Kosten der Tötung anderer Lebewesen führen werde. Diesen Schwur brach er niemals.

Er unterschied sich von seinen Mitstreitern, die mit ihm an dem Experiment teilnahmen, durch dieses sehr früh entwickelte Gefühl der Verantwortung. Und dieses Gefühl hat ein unsichtbares Feld geschaffen, welches auf die Menschen in seiner Umgebung wirkte und somit auch diese nötigte, sich bewusster und ernsthafter der Sache anzunehmen. Ich wünschte mir, dass meine Schüler und Nachahmer so wie »Apollo« eine Art strahlende

Kristalle würden. Kristalle, welche, wenn sie in das übersättigte Milieu menschlicher Erwartungen und Hoffnungen geworfen werden, in diesem ein klares und deutliches Streben nach vollständiger Gesundheit ohne Wenn und Aber hervorrufen.

Die Erfahrung zeigt übrigens, dass für Vegetarier der Schritt zu den Gipfeln der heilkräftigen Ernährung wesentlich leichter ist. Denn diese Menschen sind von der schädlichsten Leidenschaft befreit – dem Konsum von Fleisch und Fleischprodukten. Nicht zufällig hat der Bergsteiger, von dem die Rede ist, schneller und leichter als seine Kollegen den Weg zur heilkräftigen Ernährung und natürlichen Lebensweise gefunden und die schweren körperlichen Belastungen des Experiments leichter ertragen.

Als weiteres Experiment folgte eine Serie von Bergwanderungen, deren Ausgangspunkt ein Höhenlager in Ala-Artscha war. Zwei Männer und zwei Frauen nahmen daran teil, eine von ihnen war die Autorin dieses Buches. Wir standen vor Sonnenaufgang auf und machten uns ohne Frühstück in die Berge auf. Wir gingen etwa 15 Kilometer und kehrten gegen fünf Uhr abends ins Lager zurück. Dort wurden wir von einem Arzt gewogen und untersucht, danach nahmen wir eine Mahlzeit ein.

Zu unserer Nahrungsration gehörten eine heiße Graupensuppe, ein frisch zubereiteter Brei aus gekeimtem Weizen, Aufgüsse aus wild wachsenden Pflanzen wie Wacholder und Berberitze. Nach dem Essen gingen wir in entspannter Unterhaltung nochmals 10 Kilometer, diesmal nicht nach oben, sondern talwärts, um dann wieder zum Lager zurückzukehren. Somit wanderten wir täglich etwa 25 Kilometer. Wir schliefen unter freiem Himmel, aßen einmal täglich und tranken zweimal. Niemand von uns verlor an Gewicht, und keiner erkrankte. Im Gegenteil, wir verabschiedeten uns gesünder, als wir uns begegnet waren, und hatten neue Kräfte gesammelt.

Schließlich möchte ich noch von unserem Fußmarsch von Naltschik nach Pizunda erzählen, welcher 23 Tage gedauert hat. In dieser Zeit bestand unsere Tagesration aus 50 Gramm Buchweizen und 100 Gramm Trockenfrüchten – und das unter schwersten körperlichen Belastungen. Es genügt zu sagen, dass wir im Verlauf dieser Reise vier Bergpässe zu überwinden hatten. Wir trafen munter und voller Lebensfreude in Pizunda ein, während unsere zufälligen Weggenossen – Bergwanderer, die sich konventionell ernährten – vor Müdigkeit kaum die Füße heben konnten.

Noch beeindruckender waren die Ergebnisse von vier von mir organisierten Fußmärschen durch mittelasiatische Wüsten. Meine Begleiter und ich bekamen als Tagesration nicht mehr als 600 Kilokalorien, wobei wir täglich 30 bis 35 Kilometer in einem stark kontinentalen Klima zurücklegten.

Besonders lehrreich war die bereits erwähnte erste Durchquerung, die im Juli und August 1987 stattfand. Auf Grund einer Bitte der Geographischen Gesellschaft der UdSSR prüfte ich, ob es möglich sei, die üblichen Normen des Wasserverbrauchs bei sommerlichen Wüstenüberquerungen zu verringern. Bis dahin galt die Meinung, dass in den Sommermonaten bei Fußexpeditionen in den heißen Sandwüsten der Mensch mindestens zehn Liter Wasser konsumieren muss, um eine ausreichende Regulierung seines Wärmehaushaltes zu sichern.

Man glaubte, dass der Schweiß die Haut befeuchtet und sie beim Verdampfen abkühlt. Aber ich weiß, dass das Wasser, das man trinkt, nicht einfach »unmittelbar« durch die Poren ausgeschieden wird, sondern eine Reihe von bedeutenden Umwandlungen durchmacht, die vom Organismus einen nicht geringen Energieaufwand verlangt. Deshalb schwächt ihn eine übermäßige Verwendung von Flüssigkeit und überhitzt ihn. Übrigens ist dieses Phänomen seit Urzeiten bekannt. Nicht zufällig hat Julius Cäsar, bevor er aus einer Zahl von Bewerbern seine Legionäre auswählte, folgendes Experiment durchgeführt: Die Bewerber mussten einen langen Fußmarsch absolvieren, bei dem sie keinen Tropfen Wasser erhielten. Danach bekamen sie so viel Wasser wie sie wollten. Diejenigen, die viel und gierig tranken, wurden ausgeschieden.

An meinem Experiment nahmen elf Personen teil. Zu der Gruppe gehörten Forscher, welche den ausgetrockneten Boden des Aralsees unter Bedingungen der vollständigen Wasserlosigkeit untersuchen wollten, sowie einige Tourengeher. Alle wurden in das System der natürlichen Gesundung eingeführt und stiegen vollständig auf die gesunde Ernährung um. Die Gruppe musste die Entfernung von 125 Kilometern zwischen den Städten Aralsk und Karateren überwinden. Wir wollten die Entfernung in sieben Tagen zurücklegen, aber wir schafften es in fünf Tagen. Ich war zu dieser Zeit schon über 70, aber ich war den anderen keineswegs eine Last. Im Gegenteil, ich gab ihnen ein Beispiel an Ausdauer und Geduld. Aus Karateren kehrte ich mit den Tourengehern nach Moskau zurück, und die Forscher gingen weiter. Einer von ihnen kam für die Teilnahme an dieser Expedition sogar ins Guiness-Buch der Rekorde.

Im Zuge des Experiments gelang es mir, den Wasserverbrauch unter Wüstenbedingungen um das Zehnfache auf einen Liter pro Tag zu senken.

Erstens spielte dabei eine Rolle, dass die Teilnehmer ausschließlich eiweiß- und kalorienarme Nahrung verzehrten und keinerlei tierische Produkte zu sich nahmen. Denn tierische Produkte brauchen zu ihrer Verdauung 42 Gramm Wasser für jedes Gramm Eiweiß.

Zweitens tranken wir strukturiertes Wasser, das mit Kräutern angereichert war, was die Körpertemperatur nicht erhöht, sondern senkt.

Es wurde auch die spezifische Reaktion der Schleimhaut in der Wüste berücksichtigt. Auf den Genuss von gewöhnlichem kalten Wasser reagiert sie augenblicklich mit heftigem Durst. Es stellte sich heraus, dass es reichte, einen gewöhnlichen Stein oder eine Rosine in den Mund zu nehmen, um die Absonderung von Speichel hervorzurufen, welcher eine natürlich strukturierte Flüssigkeit ist, und schon ließ der Durst nach. Den gleichen Effekt erzielt man mit heißem Kräutertee.

All das erlaubte uns also, den Wasserverbrauch ohne Beeinträchtigung der Gesundheit auf einen Liter pro Tag zu senken.

Als ich mein Experiment begann, hatte ich nicht mit einer solch breiten Resonanz gerechnet. Ich bekam eine Menge von Briefen, darunter auch aus dem Ausland, in denen neben Begeisterung auch Zweifel geäußert wurden. In einem Brief aus der ehemaligen Tschechoslowakei wurde erklärt, dass die Senkung des Wasserverbrauchs auf unter zehn Liter aus rein physiologischen Gründen einfach nicht möglich sei.

Um die Zweifel zu zerstreuen, beschloss ich, eine weitere Expedition zu organisieren, und lud dazu auch Teilnehmer aus der Tschechoslowakei ein. Diese gemeinsame Expedition kam schon im folgenden Jahr, nämlich 1988, zustande und setzte sich aus je sechs Personen aus der ČSSR und der UdSSR zusammen: Fünf meiner Schüler, die wie ich nach dem System der natürlichen Gesundung lebten, ich selbst, fünf durchtrainierte Sportler aus der Tschechoslowakei und eine Dolmetscherin. Und obwohl meine Landsleute körperlich weniger trainiert waren, blieb keiner von ihnen auf der Strecke. Drei aus der ausländischen Gruppe fielen dagegen sofort aus: Einer von ihnen hielt die Trainingsmärsche im wasserarmen Kopet-Daga-Gebirge nicht aus, der zweite war nach dem ersten Tag des Marsches erschöpft, der dritte am dritten Tag. Die übrigen, darunter die Dolmetscherin, gingen mit uns eine Strecke von 134 Kilometern, danach waren ihre Kräfte am Ende. Das war zu erwarten gewesen, weil sie sich kalorienreich ernährten, u.a. mit tierischem Eiweiß, und jeden Tag mindestens zehn Liter Wasser tranken. Sie wirkten extrem erschöpft. Die Mitglieder unserer Gruppe sahen blendend aus und fühlten sich so gut, dass sie ihre ausländischen Gäste in bewohntes Gebiet brachten, zum Kilometer 134 zurückkehrten und den Weg zu Ende gingen – das waren noch weitere 272 Kilometer.

Mein Bericht im Wissenschaftlichen Forschungsinstitut für Körperkultur, der sich auf alle zwischen 1983 und 1989 durchgeführten Experimente bezog, hatte einen derartigen Eindruck hinterlassen, dass mir Mittel für ein weiteres, abschließendes Experiment genehmigt wurden.

Ich konnte sieben meiner ehemaligen Patienten für die

Teilnahme an dem Experiment gewinnen. Ich hatte sie im Rahmen meines Systems der natürlichen Gesundung behandelt, sie hatten an verbreiteten chronischen Erkrankungen gelitten wie insulinabhängiger Diabetes, chronischem Bluthochdruck, Zwölffingerdarmgeschwür, Nierenbeckenentzündung auf Grund einer Medikamentenallergie, Leberzirrhose, Herzinsuffizienz infolge von Fettsucht und Krebs der Vater-Papille. Vor dem Experiment wurde jeder einzelne dieser ehemaligen Schwerkranken im Wissenschaftlichen Forschungsinstitut für Körperkultur sorgfältig untersucht und erhielt die Genehmigung, an dem 500-Kilometer-Fußmarsch durch die Sandwüste des Zentalkarakum teilzunehmen, von der Stadt Bacharden bis zum Kurtamyschker Nationalpark.

Nach einer sorgfältigen zehntägigen Vorbereitung machten wir uns auf den Weg. Wir gingen durch unwegsames Gelände im 50 Grad Celsius heißen Sand. Nichtsdestoweniger gingen wir mühelos, genossen die einzigartige majestätische Schönheit der Natur und die großartigen Sonnenauf- und -untergänge. Wir schliefen auf einer kleinen Matte. Bei einer dieser Übernachtungen überreichte mir die Wüste ein kleines Souvenir: In einem Haltering des mir als Kopfkissen dienenden Rucksacks lag die trockene Haut einer Schlange, die offenbar durch den Ring gekrochen war und sich auf diese Weise von ihrer alten Haut befreit hatte.

Wir aßen einmal täglich und tranken grünen Tee mit Honig und Rosinen, was die Haut abkühlt. Unser Wasserverbrauch lag bei maximal einem Liter pro Tag.

Ursprünglich war vorgesehen, den Marsch in 20 Tagen zu absolvieren, aber uns reichten dann 16 Tage, so leicht bewältigten die Teilnehmer die Strecke. Am Schluss fühlten sich alle großartig, sie hatten nicht nur ihre Körpermasse behalten, sondern sogar etwas zugelegt. Das alles bei einer minimalen Menge an Nahrung und Wasser.

Welche Schlüsse kann man aus dieser einzigartigen Serie von Experimenten ziehen, die von mir in sieben Jahren (1983–1990) geplant und durchgeführt wurden? Dabei habe ich hier nicht von allen erzählt, sondern nur die wichtigsten Experimente beschrieben. Ich habe an vielen von ihnen persönlich teilgenommen – eine weitere Bestätigung für den Effekt des Systems der natürlichen Gesundung, nach dem ich seit mehr als 40 Jahren lebe. Denn Sie werden zugeben: 500 Kilometer durch brennenden Wüstensand zu gehen, das schafft nicht einmal jeder junge Mensch, ich aber war beim letzten Experiment bereits 75 Jahre alt.

Versucht man, die Ergebnisse der Experimente in die leidenschaftslose Sprache der Zahlen zu bringen, so wird deutlich, dass das System der natürlichen Gesundung den Menschen vom Zustand der praktischen Gesundheit in den Zustand der vollständigen tatsächlichen Gesundheit bringt. Ersterer Zustand ist charakteristisch für den künstlichen Menschen, der von der modernen kranken Zivilisation hervorgebracht wird, letzterer für den vernünftigen Menschen, der die Stimme der Natur aufgenommen hat und sich vollständig ihren Vorgaben unterwirft.

Die Ergebnisse meiner Untersuchungen an den Vertretern der einen und der anderen Gruppe zeugen anschaulich davon, dass die Unterschiede zwischen ihnen einfach umwerfend sind. Es stellte sich heraus, dass bei den künstlichen Menschen der Ruhestoffwechsel, d.h.

der Energieverbrauch des Organismus im Zustand völliger Ruhe, mehr als viermal höher ist als bei den Menschen der Vernunft. Er betrug 1200 bis 1700 gegenüber 240 bis 400 Kilokalorien. Bei den Vertretern der ersten Gruppe betrug der Atemrhythmus 18 bis 20 Zyklen (Ein- und Ausatmen) pro Minute, bei der zweiten Gruppe vier bis fünf Zyklen. Der künstliche Mensch verbraucht beinahe fünfmal so viel Nahrung wie der Mensch der Vernunft. Da der Inhalt unseres Magens begrenzt ist, müssen nach den üblichen Vorstellungen die Nahrungsmittel »optimiert« bzw. die Nährstoffe konzentriert werden. Im Ergebnis werden die natürlichen Eigenschaften der Nahrungsmittel vollständig vernichtet.

So weit die Fakten, die eigentlich jeder Wissenschaftler in seine Forschungen mit einbeziehen sollte. Doch wie reagieren die Vertreter der ausgewogenen Ernährung auf diese Fakten? Überhaupt nicht. Sie erkennen sie nicht an, weil sie sonst ja zugeben müssten, dass ihre eigenen Ergebnisse falsch sind. Und widerlegen? Das gelingt ihnen nicht, denn diese Fakten hat das Leben – auf den Berggipfeln und in der sengenden Wüstensonne – selbst geschrieben. Wie versuchen diese erbärmlichen Gelehrten, sich hier herauszuwinden? Die meisten tun einfach so, als ginge es hier um etwas derart Unbedeutendes, dass es gar nicht den Aufwand lohnt, sich von den Höhen der echten Wissenschaft herabzulassen, um sich damit zu beschäftigen. Nach oberflächlicher Betrachtung werden die Fakten als unwichtig abgetan.

Das ist nicht nur eine unverständliche Reaktion, es macht mich auch sehr traurig. Denn bei dem System der natürlichen Gesundung geht es ja nicht allein darum, wie viel und was man essen soll, um körperlich gesund zu bleiben. Die geistige und psychische Gesundheit spielt eine ebenso große Rolle.

Wenn man dem Sprichwort Glauben schenkt, dass in einem gesunden Körper ein gesunder Geist wohnt, dürfte es in unserer Gesellschaft wenig Probleme geben. Aber diese Probleme existieren, wie jeder weiß. Aus den Bildschirmen und Radios ertönen Aufrufe zur Wiederbelebung der geistigen Werte und Appelle an die Vernunft und die Herzen des Publikums. Es werden auch Rezepte gegeben: Es gelte die Kultur zu entwickeln, die Wohltätigkeit zu fördern, den Menschen das Wort Gottes nahe zu bringen. Nicht wenige glauben, dass die Gesellschaft nur lernen müsse, in Frieden, Liebe und Eintracht miteinander und mit der Natur zu leben, dann seien alle Probleme gelöst.

Man muss nicht besonders schlau sein, um die Gemeinsam-keit all dieser Rezepte festzustellen: Die geistige Gesundung der Menschen soll von außen kommen – vom Staat, von der Gesellschaft, von den Unternehmern, von den Kirchenleuten. Mit anderen Worten: Der Kranke geht zum Arzt und wartet darauf, dass dieser ihn heilt.

Ich bestreite nicht, dass Reformen notwendig sind – ohne diese Reformen hätte mein Buch kaum erscheinen können. Aber sie sind nur dann zum geistigen Wohl eines Volkes, wenn das Streben nach materiellem Wohlstand und nach Überfluss nicht die Seelen und Herzen der Menschen in Besitz nimmt. Reformen dürfen nicht die Ideen der Humanität und Güte sowie die Suche nach einer natürlichen, von Überflüssigem freien Lebensweise abtöten, welche einzig und allein unsere geistige und körperliche Gesundheit sichern kann.

Bekanntlich stößt die lebende Materie totes Gewebe ab. Stellen wir uns darauf ein, dass die lebende Natur unsere geistig abgestorbene Welt abstößt, in welcher immer weniger Platz für Menschen bleibt, die nach geistiger und körperlicher Gesundheit streben. Ich selbst bin der beste Beweis dafür: Man muss nur einen Schritt von den allgemein anerkannten Vorstellungen über eine ausgewogene Ernährung abweichen, um sofort auf Unverständnis zu stoßen. Ja man ruft sofort spöttische, überhebliche Reaktionen hervor: »Was will die schon …«

Es ist unsagbar schwer, dieses Verhältnis zu überwinden. Darum lege ich so viel Wert darauf, nicht nur einzelne Methoden für begrenzte Ziele zu propagieren, welche es ermöglichen, die eine oder andere Krankheit zu behandeln. Ich möchte das Wissen über Gesetze und Prinzipien der Funktionsweise lebender Organismen im Allgemeinen und vor allem des menschlichen Organismus verbreiten. Nur solches Wissen, welches zur inneren Überzeugung wird, ist in der Lage, Ihre Entschlossenheit zu stärken, wenn Sie der öffentlichen Meinung widerstehen wollen. Nur so können Sie Ihre Umgebung überzeugen und selbst den Weg zurück zur Natur finden, die uns das Gefühl der höchsten Harmonie geschenkt hat, welches wir unsere Spiritualität nennen.

6

Die heilkräftige Ernährung lernen

Gegen die Natur

Das Prinzip der energetischen Zweckmäßigkeit, von dem wir schon gesprochen haben, wird uns als Ausgangspunkt dienen, wenn wir uns gleich damit beschäftigen, wie die Arbeit sämtlicher Energiesysteme des Menschen so zu optimieren ist, dass seine Organe wieder den Werten ihrer natürlichen Programmierung entsprechen. Natürlich wäre der ideale Ausweg die Rückkehr zur Lebensweise unserer fernen Vorfahren. Aber die Entwicklung der Menschheit ist ein unumkehrbarer Prozess. Eine andere Frage ist es, in welche Richtung diese Entwicklung weitergeht.

Ich will gar nicht davon sprechen, wie abstoßend das Verhältnis des Menschen zu seiner Umwelt ist. Langsam aber sicher zerstört es die Natur, wobei die Frage nach dem Wer und Wo unerheblich ist. Die Natur unseres Planeten ist eine geschlossene lebendige Welt, die keine politischen Grenzen anerkennt. Wenn der Mensch die Natur an einer Stelle vergiftet, kann er nicht damit rechnen, dass sie an einer anderen Stelle sauber bleibt. Wissenschaftler vieler Länder sind besorgt, zum Thema der Erhaltung des Lebens auf der Erde gibt es zahlreiche Kongresse.

Aber der schädigende Umgang des Menschen mit sich selbst hat noch nicht diese starke Resonanz gefunden, ist noch nicht in dem gleichen Maß zum öffentlichen Thema geworden. Das liegt einerseits am mangelnden Wissen über seinen Organismus, andererseits daran, dass sich solche Verstöße gegen die Natur des Menschen erst nach Jahren und Jahrzehnten auswirken und keinen kausalen Zusammenhang mit den auftretenden Krankheiten zu haben scheinen. Diese Verstöße sind längst bekannt:

Das wäre zum einen die systematische Überfütterung, noch dazu mit so genannten optimierten Lebensmitteln, die eine industrielle Verarbeitung durchlaufen haben. Diese Nahrungsmittel bewirken einen überhöhten Energiedurchfluss durch die Gewebe unseres Organismus, was eine Verschmutzung dieser Gewebe zur Folge hat und die Effektivität des Selbstregulierungsmechanismus schwächt.

Ein weiterer Verstoß ist der Mangel an körperlichen Belastungen. Wenn beispielsweise die Affen gezwungen sind, sich viel zu bewegen, um ihre Nahrung zu erwerben, so genügt es für den Menschen, in die nächste Imbiss-Stube zu gehen oder eine halbe Stunde am Herd zu stehen. Aber ein zu geringer Energieverbrauch des Organismus ist nicht weniger schädlich als ein zu hoher Verbrauch, weil das ebenso zur »Versumpfung« der Gewebe führt und zur Störung des Mechanismus der Selbstregulierung.

Diese Fakten werden so häufig in der wissenschaftlichen und Tagespresse genannt, dass es hier, so sollte man meinen, nichts mehr hinzuzufügen gibt. Aber nichtsdestoweniger hat bisher noch niemand versucht, diese Probleme vom Standpunkt des Prinzips der energetischen Zweckmäßigkeit zu betrachten. Dabei erlaubt es dieses Prinzip, die feinsten Zusammenhänge in unserem Organismus festzustellen, deren Verletzung eine umfassende Störung aller Funktionen des Organismus hervorruft.

Überflüssiges Gewicht – überflüssiger Energieverbrauch

In unserer Zeit stellen dank der Anstrengungen der »Kaloretiker« nach wie vor Lebensmittel, die reich an Eiweiß vor allem tierischer Herkunft sind, die Grundlage der Ernährung dar. Zudem wird viel mehr davon konsumiert, als für den Organismus erforderlich ist. Eine entsprechende Körperfülle ist zu einer verbreiteten Erscheinung geworden. Die Verdauung eiweißreicher Nahrung braucht wesentlich mehr Energie als die von pflanzlicher, eiweißarmer Kost. Die überflüssige Körpermasse erfordert vom Menschen bedeutend mehr Anstrengung beim Gehen und bei jeder Bewegung. Wie hoch der zusätzliche Energieaufwand ist, kann man sich leicht an folgendem Beispiel vorstellen: Sagen wir, Ihr Gewicht liegt zehn Kilogramm über der Norm. Packen Sie sich einen Zehn-Kilo-Sack Kartoffeln auf den Rücken und tragen Sie ihn eine Woche lang ständig mit sich herum!

Die überflüssige Masse bedeutet aber auch vergrößerte Organe des Magen-Darm-Trakts und Fettablagerungen in der Bauchhöhle. Ein überdehnter Magen und andere vergrößerte innere Organe beschränken die Beweglichkeit des Zwerchfells, welches die Bauchhöhle vom Brustkorb trennt.

All das erschwert die so genannte Bauch- und vor allem die Unterbauchatmung, die im gesunden Organismus die grundlegende ist. Das Wesen einer solchen Atmung kennen Sie: Beim Einatmen wird der Bauch herausgestreckt, was den Umfang der Bauchhöhle vergrößert und dort einen Unterdruck erzeugt. Das Zwerchfell senkt sich, wodurch auch im Brustkorb ein Unterdruck entsteht. Jetzt strömt Luft in die Lungen ein. Beim Ausatmen wird der Bauch eingezogen, der Druck in der Bauchhöhle steigt an und das Zwerchfell wird angehoben. Dabei verkleinert sich der Umfang des Brustkorbs, was wiederum das Ausströmen der Luft aus der Lunge begünstigt. Das ist die ökonomischste Art der Atmung, weil die wichtigsten aktiven Komponenten dabei bewegliche, elastische Elemente sind: die vordere Bauchwand und das Zwerchfell. Der Brustkorb mit seiner halb festen Konstruktion spielt dabei eine unterstützende Rolle.

In einem nach den Kriterien der modernen Medizin normalen Organismus mit einer überfüllten Bauchhöhle ist die Beweglichkeit des Bauchs derart reduziert, dass der Mensch gezwungen ist, in erster Linie mittels Erweiterung und Zusammenpressens des Brustkorbs zu atmen. Dies erfordert wesentlich mehr Anstrengungen und folglich auch einen höheren Energieverbrauch. Durch die überflüssige Körpermasse braucht der Körper mehr Sauerstoff, aber der Umfang des Brustkorbs bleibt der gleiche – somit erhöht sich die Atemfrequenz. Der Energieverbrauch wächst weiter.

Die hier aufgezählten Veränderungen in der Funktion des Atmungsapparats behindern ihn bei der Erfüllung seiner zweiten Funktion – der Aneignung und Bindung des Stickstoffs aus der Atmosphäre mithilfe der Mikroflora in den Lungenwegen. Die kurze beschleunigte Atmung bedeutet, dass die im oberen Bereich der Atemwege angesiedelten Mikroben schlechter mit Stickstoff versorgt werden. Außerdem wird durch den Verzehr von Fleisch das Milieu des Organismus übersäuert, was sich ebenfalls negativ auf die stickstoffbindenden Bakterien in den Atemwegen auswirkt. Wenn aber der Organismus über diesen Kanal weniger Stickstoffverbindungen erhält, wächst der Bedarf an Nahrung.

Aber auch das ist noch nicht alles. Die reichliche Nahrung und die Störungen im Atemsystem haben auch ernsthafte Folgen auf dem Gebiet des Temperaturhaushalts.

Bei heißem Wetter sondert die überschüssige eiweißreiche Nahrung beim Oxidieren eine große Menge Wärme ab, welche aus dem Organismus ausgeschieden werden muss. Früher wurde schon erwähnt, dass für die Verarbeitung von einem Gramm Eiweiß 42 Gramm Wasser erforderlich sind. Wenn ein Mensch in 24 Stunden 100 Gramm Eiweiß zu sich nimmt, benötigt er dafür vier Liter Wasser. Und das bedeutet eine zusätzliche Belastung für Nieren und Herz. Dabei kann es zu einer Vergiftung des Organismus mit Harnsäure und anderen giftigen Produkten des Eiweißzerfalls kommen.

Meine Experimente in der Wüste haben überzeugend nachgewiesen, dass ein Mensch, der auf eine eiweißarme und kalorienarme Nahrung aus natürlichen Produkten umsteigt, den Wasserverbrauch radikal von zehn auf einen Liter pro Tag senken kann, sogar unter den extremen Bedingungen eines stark kontinentalen Klimas. Meinen Begleitern auf diesen Märschen, die sich im Zustand faktischer anstatt praktischer Gesundheit befanden, genügte diese Wassermenge durchaus – sogar bei einer Hitze von 50 Grad Celsius. Und was das Wichtigste ist: Das Säure-Basen-Gleichgewicht wird nicht gekippt zu Gunsten einer Übersäuerung des Organismus.

Ich habe Ihnen ganz allgemein die Prozesse beschrieben, welche in einem »praktisch gesunden« Organismus vor sich gehen, der an so genannte Zivilisationsverhältnisse angepasst ist. Leider ist zwischen den Wörtern »Zivilisation« und »widernatürliche Lebensweise« ein Gleichheitszeichen zu setzen, obwohl es gar nicht so vieler Anstrengungen bedürfte, um die Lage grundlegend zu ändern. Man müsste sich nur von den Gewohnheiten der sorglosen Schüler verabschieden, die sich weigern, den Forderungen ihres weisen Lehrers, nämlich der Natur, nachzukommen.

Die neue, natürliche Lebensweise trainieren

Die Gesetze der Natur stimmen in der Regel nicht mit unseren menschlichen Gesetzen überein. Ihnen zu folgen heißt bereit zu sein für einige vorübergehende Unannehmlichkeiten, die mit der Veränderung des persönlichen Lebensrhythmus und Wertesystems zusammenhängen.

Im Folgenden werde ich Ihnen praktische Ratschläge erteilen, wie Sie die Energieversorgung Ihres Organismus in Ordnung bringen können. Bei der Umsetzung meines Systems der natürlichen Gesundung handelt es sich um ein gut durchdachtes, komplexes Training. Die größten Schwierigkeiten bereitet dabei das Training des Systems, das am meisten den zerstörerischen Einwirkungen moderner Vorstellungen unterworfen ist: die Ernährung. Unter »Training« verstehe ich hier, dass man bestimmte Regeln und Verhaltensweisen lernen und einüben muss, bis man sie so gut beherrscht, dass sie einem zur zweiten Natur geworden sind. Das Ziel des Trainings ist es, dem Menschen beim Übergang zu einer natürlichen, d.h. artgerechten Ernährung zu verhelfen.

Ich beginne mit ein paar Regeln, die den Konsum der Nahrungsmittel betreffen. Die meisten Fragen meiner Leser sowie der Hörer meiner Vorträge beziehen sich auf Fettleibigkeit und die Möglichkeit, diese loszuwerden. Die Körperfülle ist nicht nur eine offensichtliche Überschreitung der Einheit von Form und Inhalt, die von einem Mangel an innerer Harmonie des Organismus hervorgerufen wird. Sie ist auch ein Anzeichen dafür, dass deutlich mehr Energie aufgenommen wird, als der Körper tatsächlich benötigt. Die überschüssige Energie wandelt sich in eine organische Substanz um, welche lange Zeit gespeichert werden kann – nämlich in Fett. Eine kleine Menge Fett muss sich, wie wir bereits gesehen haben, unbedingt in den Körperzellen befinden: Sie dient als Reservequelle für die Energieversorgung in Extremsituationen, bei langem Hungern, bei schweren körperlichen Belastungen, bei zu starker Abkühlung etc. Aber wenn sich der Energieüberschuss in dieser Form systematisch ansammelt, kommt es zur Fettsucht, zur Degeneration des Gewebes, und das ist bereits ein Anzeichen für einen Gesundheitsmangel. Die so genannten praktisch gesunden Menschen mit überschüssigem Körpergewicht haben meist nicht einmal den Verdacht, dass ein heimtückisches Leiden versteckt und unbemerkt ihren Organismus angreift. Aber nicht zufällig sind sie ständig übermüdet, schlapp, reizbar, ihre Widerstandskraft gegen Erkältungen ist geschwächt, ihr Blutdruck ist nicht stabil, und sie haben Herz-Kreislauf-Probleme.

Vom Standpunkt des Arztes beurteile ich Fettsucht als eine chronische Erkrankung, die sich über Dutzende Jahre hinziehen kann, welche aber auch bereits bei den ersten Symptomen einen tödlichen Ausgang haben kann: ein überraschender Gehirnschlag, ein Herzinfarkt, ein diabetisches Koma und vieles andere kann das plötzliche Ende bedeuten. Aber der Mensch kann auch langsam von einer schleichenden chronischen Erkrankung umklammert werden: Osteochondrose, Arteriosklerose, unspezifische Poliatritis, chronische Lungenentzündung, Allergie, Kolitis, Gastristis, Duodenitis, Hepatitis, Pankreatitis, hoher Blutdruck etc.

Der Hauptschuldige an all diesen Störungen ist, wie ich schon gesagt habe, die überschüssige Menge an Energie im Körper, welche durch die falsche Ernährung hervorgerufen wird: Nahrungsmittel, die künstlich mit tierischem Eiweiß angereichert sind, mit Fetten und Kohlehydraten, welche zu einem degenerativen Wachstum des Organismus führen und zu einer Störung der arttypischen chemischen Zusammensetzung der Zellen. Was können wir tun, um unsere Ernährung umzustellen?

Ich habe schon erläutert, dass der Mensch auf den Verzehr von Gemüse, Obst, Hülsenfrüchten, Körnern, Getreide, Beeren, essbaren Gräsern, Samen, Nüssen und Honig programmiert ist, und im Säuglingsstadium auf Muttermilch. Im Stadium des Übergangs zu einer heilkräftigen Ernährung kann man auch Eier und Fisch zu sich nehmen und bei deutlichen Anzeichen einer gestörten Darmflora auch Sauermilchprodukte wie Joghurt.

Die Übergangsphase kann einige Wochen oder auch Monate in Anspruch nehmen. Vergessen Sie nicht, dass in dieser Zeit ein Heilungsprozess vor sich geht, und da kann und darf es keine Eile geben. Für unser Unterbewusstsein, das sich im Verlauf des gesamten vorhergehenden Lebens entwickelt hat, sind nämlich die Abweichungen von den natürlichen Existenzbedingungen des Menschen inzwischen die Norm. In Übereinstimmung mit dieser Norm hat es Verwaltungsprogramme für die unterschiedlichen Systeme des Organismus und für den Organismus als Ganzes entwickelt. Diese Programme beinhalten, wenn man das so sagen kann, den gesamten »Produktionszyklus« der Lebenstätigkeit des Organismus: Sie unterstützen die Stabilität der chemischen Zusammensetzung der Zellen und die Stabilität von Puls- und Atemfrequenz, den Mechanismus der Umwandlung der überschüssigen Energie in Fett, den Arbeitsrhythmus des Magen-Darm-Trakts usw. Jede noch so kleinste Funktion des Organismus ist in den Programmen unseres Unterbewusstseins aufgezeichnet. Somit ist der menschliche Organismus auch in seinem deformierten, widernatürlichen Zustand eine weitestgehend automatisierte »Produktionsstätte«, deren Ziel das Überleben des Menschen ist.

Aus dem Vorhergesagten wissen wir bereits, dass diese Produktionsstätte uneffektiv arbeitet und die Lebensdauer des Menschen zumindest um die Hälfte vermindert, wobei sie noch die zweite Lebenshälfte mit allerlei chronischen Erkrankungen vergiftet. Dennoch müssen wir berücksichtigen, dass der Betrieb arbeitet, und wir können ihn nicht einfach für einige Zeit »abschalten«. Wir müssen allmählich, Schritt für Schritt, mit Hilfe spezieller Methoden seine Arbeitsweise ändern. So können wir die im Unterbewusstsein arbeitenden Verwaltungsprogramme des Organismus an die angleichen, welche uns von der Natur im genetischen Gedächtnis angelegt wurden. Diese natürlichen Programme in unserem genetischen Apparat wurden im Verlauf der unnatürlichen Fehlentwicklung unserer Zivilisation nämlich keineswegs gelöscht. Sie wurden durch die künstlichen Lebensbedingungen, die sich der Mensch selbst geschaffen hat, lediglich ganz oder teilweise beiseite gedrängt. Es hängt von uns ab, ob wir ihnen die Möglichkeit zurückgeben, sich ganz zu realisieren.

Dieser Prozess kann, wie ich schon gesagt habe, ziemlich lange dauern, und auf keinen Fall sollte man ihn künstlich beschleunigen und dabei den eigenen Organismus vergewaltigen. Sonst könnte sich bei Ihnen das wiederholen, was mit zweien meiner Schützlinge passiert ist, die an einem meiner Experimente in der Wüste teilgenommen haben. Nach der Beendigung des Experiments haben sie sich davongeschlichen, der eine ins Restaurant und der andere auf den Markt, um sich an jenen Produkten zu laben, denen sie zuvor abgeschworen hatten. Ihr Verhalten kann man nur so erklären, dass sie in der Übergangsperiode den Fehler gemacht hatten, ihr Unterbewusstsein mit Willenskraft zu zwingen, nach dem neuen Schema zu arbeiten. Und so hat das Unterbewusstsein protestiert, als nach der Beendigung der äußerst schwierigen Überquerung der Wüste die beiden die strenge Willenskontrolle gelockert haben. Deshalb wiederhole ich noch einmal: kein Druck, kein Zwang! Nur

Allmählichkeit, Geduld und Klarheit über das Ziel. Und die Hauptsache ist: Quälen Sie sich nicht mit Hunger.

Hunger und Appetit

Hunger ist ein unnatürlicher Zustand des menschlichen Organismus. Er bedeutet, dass wir einen Nachschub an Nährstoffen brauchen, weil ihr Mangel die normale Lebenstätigkeit bzw. die Gesundheit unseres Körpers stört. Deshalb ist es unvernünftig, sein Körpergewicht unter das optimale Maß zu senken – welches übrigens für jeden Menschen individuell ist. Dieses Maß stellt sich bei der heilkräftigen Ernährung von selbst her und bleibt praktisch das ganze Leben stabil.

Man sollte wissen, dass das Gefühl von Hunger und Appetit zwei verschiedene Zustände des Menschen sind, denen völlig unterschiedliche Ursachen zu Grunde liegen. Hunger ist ein Signal für die Notwendigkeit, die Reserven im Organismus aufzufüllen. Das Signal erlischt, sobald die erforderliche Portion Nahrung zugeführt worden ist. Ständiger Appetit dagegen zeugt von einem krankhaften Zustand des Magen-Darm-Trakts und der Psyche, wobei dieser Zustand häufig künstlich hervorgerufen wird durch bestimmte Substanzen oder spezielle Verfahren in der Speisenzubereitung. Das geschieht, um den Menschen zu stimulieren, viel mehr zu essen, als er eigentlich braucht.

Eiweiß und reine Fette haben an sich keinen Geschmack, aber der Geschmack und der Geruch sind die ersten Verbündeten des Ernährungsprozesses. In den natürlichen Lebensmitteln pflanzlicher Herkunft sind die Geschmackssubstanzen im richtigen und ausreichenden Verhältnis enthalten. Denken Sie an das Aroma beispielsweise von Äpfeln, Melonen, Gartenkräutern, Wurzeln und Getreide. Aber ruft der Geruch von rohem Fleisch den Wunsch nach Essen hervor? Nein, zumal die Geschmackssubstanzen des Fleisches mit dem Bedürfnis, Fleisch zu essen, nicht mehr zu tun haben als die Geschmackseigenschaften des Tabaks mit dem unwiderstehlichen Drang zu rauchen. Wir haben es hier mit Spielarten von Sucht zu tun, die durch den Konsum aufputschender Substanzen hervorgerufen wird. Nur sind sie im Tabak in ihrer natürlichen Form vorhanden, während sie im Fleisch erst nach der entsprechenden Zubereitung auftreten.

In den ersten Wochen, manchmal auch in den ersten Monaten der Übergangsphase, ist unbedingt eine Monodiät einzuhalten, d.h. pro Mahlzeit nur eine Art von Lebensmittel. Aber im Verlauf des Tages kann man abwechseln: Sie können Gemüse zu sich nehmen, Breie, Gemüsesäfte, Kräutertee mit Zitrone und Honig, Tee aus Hagebutten, Brühe aus Sonnenblumenkernen, die man mit der Schale mahlt, oder eine Milch aus geriebenen Walnüssen.

Es liegt auf der Hand, dass die Lebensmittel ihre natürlichen biologischen Eigenschaften behalten müssen und keinerlei künstlicher »Optimierung« unterworfen sein dürfen. Die Nahrung muss auf eine Weise gelagert und zubereitet werden, die ihr biologisches Wesen nicht verändert, sodass die Energieverluste infolge des Selbstverdauungsmechanismus möglichst gering sind. Darin besteht auch, wie schon erwähnt wurde, der Hauptunterschied zwischen der artgerechten Ernährung und der ausgewogenen oder auch der vegetarischen Ernährung.

Die jeweilige Zusammensetzung der heilkräftigen Ernährung steht in einem engen Zusammenhang mit der Jahreszeit und der Lebensregion des Menschen.

Ernährung und Kosmos

Die Astrologen beschäftigen sich schon seit langer Zeit damit, welchen Einfluss die Magnetfelder der Planeten und die kosmische Strahlung auf den menschlichen Organismus haben. In den letzten Jahren wurde ziemlich überzeugend bestätigt, dass solche Faktoren tatsächlich mit dem Energieverbrauch des Menschen in Wechselwirkung stehen. Weiter oben habe ich die ungewöhnlichen Eigenschaften des Wassers beschrieben, das sensibel auf die Einwirkungen all dieser Faktoren reagiert. Die Chemiker haben bemerkt, dass Versuchsanordnungen, welche mithilfe von Wasser durchgeführt werden, in Abhängigkeit von der Tageszeit zu unterschiedlichen Verläufen bzw. Ergebnissen führen. Sie können je nach der Art der Reaktion langsamer oder schneller vonstatten gehen, oder auch mit größerem oder geringerem Energieverbrauch bzw. Energieausstoß. Dabei kann man diese Unterschiede gleichzeitig auf dem ganzen Erdball feststellen. Da der Mensch zu 70 Prozent aus freiem Wasser besteht und sämtliche Reaktionen in unserem Organismus ausschließlich in wässerigem Milieu vonstatten gehen, können kosmische Einwirkungen unseren Energiebedarf sicher verändern.

Die Astrologen haben schon längst ihr Augenmerk darauf gerichtet, dass Menschen, die unter verschiedenen Sternzeichen geboren wurden, jeweils eine Neigung zu bestimmten Krankheiten haben und in einem bestimmten Maß unterschiedliche Nahrungsmittel brauchen. Darin sehe ich überhaupt keine Mystik. Wenn ein Mensch beispielsweise im Zeichen des Stiers geboren ist, dann geschah die Zeugung im Juli oder August. Die Entwicklung der Frucht vollzieht sich in erster Linie im Herbst und Winter, wo die Intensität der Sonnenstrahlung abnimmt und die Mutter, die die Frucht austrägt, unter Vitaminmangel zu leiden beginnt, was sich unvermeidlich auf das Kind und auf die Entwicklung seines Organismus auswirkt.

Man muss weiter berücksichtigen, dass die Wechselwirkung der Magnetfelder von Erde, Sonne, Planeten und Sternen ihren Einfluss auf lebende Organismen erhöhen und vermindern kann. All dies kann die Sonnenaktivität stimulieren, Magnetstürme hervorrufen, welche, wie viele Ärzte meinen, in der Lage sind, krankhafte Phänomene im Organismus hervorzurufen.

Die hier genannten und noch viele andere Faktoren, die vielleicht der Wissenschaft noch nicht bekannt sind, können offensichtlich die Entstehung und Entwicklung des energetischen Systems des menschlichen Organismus beeinflussen.

Besonderheiten des Übergangs zur heilkräftigen Ernährung

Von heute auf morgen auf heilkräftige Nahrung umzusteigen ist schwer und nicht jedermanns Sache. Wie schon gesagt, sollte man sich mit der Umstellung genügend Zeit lassen. Dabei ist wohl das Schwierigste die Überwindung der gewohnten Beziehung zum Essen. Das wird so lange nicht leicht fallen, bis der Mensch in vollem Maß seine persönliche Verantwortung für seine Gesundheit erkannt hat.

Im ersten Teil des Buches habe ich darauf hingewiesen, dass man zu jeder Jahreszeit auf die Ernährung nach dem System der natürlichen Gesundung umsteigen kann. Hier möchte ich diese Bemerkung einschränken: Sie gilt für jene Entschlossenen, welche eine sehr klare Vorstellung von ihrem Ziel haben und genau wissen, wie sie es erreichen möchten. Wenn jemand die Notwendigkeit einer Veränderung einsieht, aber noch Zweifel und Angst hat, den ersten Schritt auf dem neuen Weg zu machen, der sollte besser im Frühjahr damit beginnen. Dann scheint die Sonne, man ist leicht bekleidet und der ganze Körper nimmt die Sonnenenergie auf, welche er im Winter entbehrt hat. Unter dem Einfluss der Sonnenstrahlung bilden sich in der Haut Vitamine. Aber das Wichtigste, was den Übergang zu einer artgerechten Ernährung um diese Jahreszeit einfacher macht, ist das Auftauchen von frischen Pflanzen, die die natürliche Nahrung des Menschen bilden. Dies können sowohl wild wachsende Pflanzen als auch Gartengemüse und -kräuter sein. Viele von Ihnen wissen wohl aus eigener Erfahrung, wie sehr das Verlangen nach Fleischkonsum in dieser Zeit sinkt.

Bei der Gelegenheit möchte ich die Besonderheiten der Vitamine und zahlreicher medikamentöser Substanzen betonen, welche in pflanzlichen Lebensmitteln enthalten sind. Ihr Vorzug gegenüber den synthetischen Arzneien besteht vor allem darin, dass sie in der lebenden Zelle gebildet werden, in welcher auch viele andere

Komponenten enthalten sind, welche die Wirkung der einen oder anderen heilkräftigen chemischen Verbindung verstärken oder mildern.

Deshalb haben die pharmakologischen Substanzen, die sich in der lebenden Pflanzenzelle befinden, eine sanftere Wirkung auf den menschlichen Organismus. Sie werfen nicht das gesamte System der chemischen Reaktionen in seinen Zellen durcheinander, wie dies beim Konsum von synthetischen oder konzentrierten natürlichen Heilsubstanzen der Fall ist.

In der Zeit des Übergangs zu einer gesunden Ernährung empfiehlt es sich, den Organismus mit Reinigungsprozeduren zu unterstützen. Dafür gibt es eine Vielzahl unterschiedlicher Methoden, darunter Bäder, Wickel, Massagen, Einläufe etc. Das System der natürlichen Gesundung ist für alle diese traditionellen und nicht traditionellen Methoden offen.

Ich möchte unterstreichen, dass diese Reinigungsprozeduren nicht dafür gedacht sind, den Körper regelmäßig zu »entgiften«. Sie dienen keinesfalls dazu, die schädlichen Auswirkungen des Fleischkonsums zu neutralisieren, ohne auf den Fleischkonsum zu verzichten. Ich verschreibe die Reinigungsprozeduren nur in der Übergangszeit, um die Umorientierung des Organismus auf eine pflanzliche Ernährung zu erleichtern. Nach der Umstellung sind sie nicht mehr notwendig.

Wie jede Form der Behandlung ist die Auswahl der einen oder anderen Form von Reinigungsprozedur individuell. Sie hängt vom Charakter des Menschen, seinen Besonderheiten und Vorlieben ab.

Technogene Verschmutzung
und heilkräftige Ernährung

In untrennbarer Einheit mit dem biologischen und biophysikalischen Aspekt der Ernährung existiert auch ihr biochemischer Aspekt. In langjährigen Arbeiten haben die Biochemiker viel Wissen über das eine oder andere Lebensmittel angehäuft. Aber nach einer treffenden Bemerkung des bekannten Biochemikers und Nobelpreisträgers Albert von Szent-Györgyi (1893–1986) sind all dies Kenntnisse ohne das Verstehen der bioenergetischen Besonderheiten des lebenden Organismus und des eigentlichen Prozesses der Ernährung nur eine tote Last.

Jedoch hat sich ein anderer Bereich der Biochemie, nämlich der, welcher mit der technogenen Verschmutzung der Umwelt zu tun hat, auf Grund einer bedauerlichen Notwendigkeit besonders intensiv entwickelt.

In den letzten Jahren ziehen die unterschiedlichsten Formen der »zivilen Strahlung«, der der Mensch ausgesetzt ist, die Aufmerksamkeit der Forscher auf sich. Das Wesen dieser Erscheinung besteht darin, dass die moderne Zivilisation eine Unzahl von Strahlenquellen hervorgebracht hat: ionisierende Strahlung (deren Hauptanwendungsgebiet die Medizin ist), Mikrowellenstrahlung, Niederfrequenzstrahlung und andere Formen. Fernseh- und Radiostationen, Hochspannungsleitungen, Mikrowellenherde, Telefone und sogar elektronisches Spielzeug – all diese und viele andere schöne Dinge, die uns der Fortschritt beschert hat, sind richtiggehende energetische Umweltverschmutzer.

Das ist nicht so schlimm, werden Sie sagen, die Dosis der gefährlichsten unter den genannten Strahlungen, nämlich der ionisierenden Strahlung, ist nicht sehr hoch. Sie übersteigt nicht das Niveau der natürlichen Radioaktivität der Erde, und die anderen Formen kann man auf Grund ihrer Ungefährlichkeit ohnehin vernachlässigen. Wie viele Radio- und Fernsehstationen auf der Erde senden rund um die Uhr ihre Programme, und wir sterben nicht daran. Im Gegenteil, wir profitieren sogar davon. Das ist alles richtig, obwohl die Zahl der Erkrankungen, die von den Biologen und Ärzten mit geringen Dosen von Strahlenwirkungen auf den menschlichen Organismus in Zusammenhang gebracht werden, ständig anwächst. Der Mensch beginnt, an Kopfschmerzen und Schwindelgefühl zu leiden, an psychischen Störungen und an Reizbarkeit. Er kann an Leukämie erkranken, an Hautschäden und am Grauen Star. Und liegt nicht hier ein Grund für die sich häufenden Geburtsfehler, Unfruchtbarkeit und Frühgeburten? Ich persönlich hege daran überhaupt keinen Zweifel.

Sie wissen bereits, dass sämtliche Arten von Energie vom menschlichen Organismus aufgenommen werden und auf diesen einwirken. Auch die so genannten geringfügigen Strahlungsmengen stellen hier keine Ausnahme dar. Und obwohl man sie geringfügig nennt, ist ihre Auswirkung auf den menschlichen Organismus es nicht. Zumindest aus dem Grund, dass alle Formen der Strahlung uns das ganze Leben begleiten. Doch worin besteht ihre Hauptgefahr?

Ich habe schon erläutert, dass jeder lebende Organismus, darunter auch der menschliche, über ein natürliches »Limit« der von ihm zu verbrauchenden Energie verfügt. Je mehr Energie er in einer Zeiteinheit verbraucht, desto schneller tickt seine biologische Uhr, umso intensiver verlaufen die Alterungsprozesse seiner Körperzellen. Ich erinnere an die Untersuchungen von Biophysikern, welche zeigen, dass die ionisierende Bestrahlung des Menschen in seinem Körper Alterungsreaktionen mit all ihren negativen Konsequenzen hervorruft, vor allem eine nachlassende Stabilität seines Immunsystems. Somit können sogar geringe Dosen an Radioaktivität, wenn sie systematisch, Tag für Tag auf den Menschen einwirken, seine Alterung beschleunigen und mit dem Alter einhergehende Erkrankungen hervorrufen, vor allem Herz-Kreislauf-Erkrankungen und Krebs.

Also wäre es richtiger, auf den Terminus »geringfügige Strahlendosis« gänzlich verzichten. Dies gilt umso mehr, als man diese ständige Bestrahlung nicht unabhängig von unserer gesamten widernatürlichen Lebensweise betrachten kann. Damit meine ich vor allem die Ernährung des modernen Menschen, welche von fatalen Gewohnheiten geprägt ist und nichtsdestoweniger von der offiziellen Wissenschaft »abgesegnet« wird.

Zusammengenommen untergraben diese zwei Faktoren – die falsche Ernährung und die geringfügigen Strahlungsmengen – die Stabilität unseres Organismus gegenüber Einwirkungen unserer äußeren Umwelt und behindern seine natürliche Selbstregulierung.

Im 20. Jahrhundert, und besonders in seiner zweiten Hälfte, ist das Problem des Schutzes des menschlichen Organismus vor den »Errungenschaften« der Zivilisation, wie z.B. der Verschmutzung der Lebensmittel durch toxische Substanzen, besonders akut geworden.

Dass es Elemente gibt, die für die Sicherung unserer

Lebenstätigkeit unabdingbar sind, ist seit langer Zeit bekannt. Zu ihnen gehören vor allem Kalzium, Magnesium und Eisen. Es gibt Elemente, die dem Menschen in geringen Dosen nützlich sind und in großen Dosen schaden, zum Beispiel Kupfer. Und schließlich haben einige Elemente überhaupt keinen Wert für den Organismus und sind in beliebiger Menge giftig: Kadmium, Aluminium, Blei und Quecksilber.

Kadmium bewirkt hohen Blutdruck, sammelt sich in den Nieren, schwächt das Immunsystem und beeinflusst die Lebensdauer. Aber die vermutlich schädlichste Wirkung übt es auf die geistigen Fähigkeiten des Menschen aus, weil es das für die normale Hirntätigkeit so wichtige **Zink** verdrängt. Dabei ist Kadmium in unserem Alltag ziemlich verbreitet. Es ist beispielsweise im Zigarettenrauch vorhanden, im Trinkwasser, in Düngemitteln und in verschmutzter Luft.

Moderne Untersuchungen zeigen, dass auch ein so alltägliches Element wie **Aluminium** bei weitem nicht unschädlich ist. Wie viele andere giftige Elemente, häuft es sich in unserem Organismus an, wobei es eine Reihe von Erkrankungen hervorruft. Aluminium kann zur Ursache von Altersschwachsinn werden, zu erhöhter Reizbarkeit führen, es kann Anämie, Kopfschmerzen, Kolitis, Erkrankungen der Nieren und der Leber sowie neurologische Veränderungen im Zusammenhang mit der Parkinson-Krankheit verursachen. Ungeachtet all dessen hat Aluminium bislang einen tadellosen Ruf. Davon zeugt zumindest der Umstand, dass es nach wie vor für die Herstellung von Kochgeschirr verwendet wird, für Folien zur Verpackung von Lebensmitteln sowie für Getränkedosen. Aluminium ist auch im Aspirin enthalten, in einigen Käsesorten, in Deodorants, im Trinkwasser und sogar im Kochsalz.

Jeder von uns hat schon über Fälle von **Blei**vergiftung gehört. Aber nicht alle wissen, dass man sich wesentlich leichter vergiften kann, als es auf den ersten Blick scheint. Dafür reicht es, Gemüse unweit einer viel befahrenen Autostraße zu ziehen oder in der Nähe eines Flughafens, weil Blei in den Auspuffgasen von Flugzeug- und Automotoren enthalten ist. Deshalb sollte man Gärten mindestens 100 Meter von Autostraßen entfernt anlegen. Pilze und Heilkräuter sowie essbare Pflanzen sollte man ebenfalls nur in sicherer Entfernung von Straßen sammeln.

Blei ist verantwortlich für Bauchschmerzen, Anämie, Arthritis, Störungen der Hirntätigkeit, erhöhte Reizbarkeit und Störung der Gebärfunktionen bei Frauen. Es schwächt das Immunsystem, ruft allgemeine Schwäche hervor, einige psychische Erkrankungen, schädigt Nieren und Leber und beeinflusst im negativen Sinne die Vitamin-D-Synthese im Körper, was zu einem Kalziummangel führt.

Nicht weniger gefährlich und auch wahrscheinlich ist eine Vergiftung mit **Quecksilber**, obwohl viele meinen, dass sie mit diesem Metall am allerwenigsten in Kontakt kommen. Doch Quecksilber kann in chemischem Dünger vorhanden sein, in Zahnplomben, im Bodenwachs, in verschiedenen Salben, Kosmetika, Pestiziden, wasseremulgierenden Farben und Kunststoffen. Folgen von Quecksilbervergiftungen können Allergien sein, Arthritis, Störungen der Hirntätigkeit und Schwächung des Bindegewebes in Knie- und Ellbogengelenken, Verschlechterung der Sehkraft, depressive Zustände, Schädigung der Nieren, Zahnausfall und Schwächung des Immunsystems. Quecksilber hat auch eine negative Auswirkung auf die Entwicklung der Frucht bei Frauen.

Teilweise können wir diesen Schadstoffen nicht entgehen, doch es gibt Mittel, die uns vor den Auswirkungen von geringfügigen Dosen von Strahlung und giftigen Metallen schützen. Diese Mittel werden uns von der lebenden Natur zur Verfügung gestellt.

Es sind pflanzliche Nahrungsmittel, die all ihre natürlichen Eigenschaften bewahrt haben und welche mit Hilfe von ökologisch sauberen Technologien gewonnen wurden. Zu ihnen gehört das volle Getreidekorn, das reich ist an zusammengesetzten Kohlehydraten, an Vitaminen der Gruppe B, an Eisen, Kalzium, Zink und Mikroelementen. Dazu gehören weiter frisches Gemüse, Hülsenfrüchte, Samen und Nüsse.

Besonders wichtig ist eine zinkreiche Ernährung. Denn Zink ersetzt im Organismus das Kadmium, es stärkt das Immunsystem und wirkt positiv auf die geistigen Fähigkeiten des Menschen. Das heißt natürlich nicht, dass Sie sich sofort Zink besorgen sollen, um es als Medizin einzunehmen. Dabei wird nicht viel herauskommen, weil der Organismus das Zink in biologisch aktiven Verbindungen benötigt, welche in einigen Arten von pflanzlicher Nahrung besonders häufig sind. So enthalten z.B. Weizenkleie oder Weizenkeime 130 bis 200 Milligramm Zink pro Kilogramm. Ebenso viel Zink ist in bestimmten Pilzen enthalten, etwa im Birkenröhrling und im Täubling. Noch mehr Zink findet sich im Seetang, welcher einen Ehrenplatz in der gesunden Ernährung einnimmt. Spinat und grüne Erbsen sind ebenfalls sehr zinkhaltig.

Die Verarbeitung des Getreides führt zu einer Verringerung des Zinkgehalts im fertigen Produkt und verschlechtert sein Verhältnis zum Kadmium. Wenn das Verhältnis zwischen Zink und Kadmium im ungeschälten Korn 35:1 beträgt, so ist es im Brot aus Weißmehl nur mal 5:1. Trotzdem erfreut sich das Weißbrot einer hohen Wertschätzung in der Ernährung des modernen Menschen.

Aber das Erste, was jede Hausfrau unternehmen sollte, wenn sie ernsthaft um die Gesundheit ihrer Familienmitglieder besorgt ist: Sie sollte sämtliches Küchengerät aus Aluminium aus dem Haus entfernen.

Am besten verwendet man Kochgeschirr aus Keramik oder Glas, im äußersten Fall aus Email, wobei aber die Oberfläche nicht beschädigt sein sollte. Das Gleiche gilt für Siebe, Schüsseln und Löffel. Am besten isst man mit Besteck aus Porzellan, Holz oder rostfreiem Stahl.

Eine weitere Quelle technogener Verunreinigung unseres Organismus ist das Trinkwasser. Man hält uns alle in dem Glauben, die Reinigung des Wassers von krankheitsauslösenden Mikroben sei ausreichend. Dabei wird verschwiegen, dass die hierfür verwendeten Elemente Chlor und Fluor an sich schon gefährlich für die Gesundheit sind. Chlor wurde bereits im Ersten Weltkrieg als Giftgas verwendet. Fluor ist ein starkes Oxidationsmittel, welches den Alterungsprozess beschleunigt. Und obwohl die Zahnärzte mit leichter Hand urteilen, dass Fluor nützlich für unsere Zähne ist, sind die Onkologen bei weitem nicht so optimistisch, wenn es darum geht, welche Rolle Fluor im Zusammenhang mit der Entstehung von Krebserkrankungen spielt.

Außerdem wird der Umstand völlig ignoriert, dass

Chlor und Fluor bei der Reaktion mit dem Metall der Wasserrohre unerwünschte chemische Verbindungen hervorbringen.

Ich habe schon häufiger über die Rolle des Wassers bei der heilkräftigen Ernährung gesprochen. Je reiner es ist, desto segensreicher wirken die mit seiner Hilfe zubereiteten Lebensmittel auf den Organismus. Deshalb ist es am besten, speziell zubereitetes (strukturiertes) Wasser oder Quellwasser zu verwenden. Im letzteren Fall müssen Sie aber vollständig sicher sein, dass es nicht von Abwässern oder vom Grundwasser verschmutzt ist. Besonders wichtig ist das bei Quellen, die auf städtischem Territorium entspringen. Ich selbst verwende ausschließlich strukturiertes Wasser.

Die Auswahl der Nahrungsmittel

Wenn wir die Heilkraft der Nahrung beurteilen, sprechen wir nicht über essenzielle Aminosäuren, Fette oder Kohlehydrate, sondern unsere Sorge gilt dem Bedarf des Organismus an Mineralsalzen. Hauptlieferant dieser Mineralsalze ist das Gemüse, welches auch unsere wichtigste Vitaminquelle ist. Der regelmäßige Verzehr von Gemüse und besonders von frisch zubereiteten Gemüsesäften normalisiert die Selbstregulierung des Organismus, unterstützt die Entwicklung einer gesunden Darmflora und aktiviert die interzelluläre Atmung, was besonders im Alter wichtig ist. Die Mikroorganismen, ohne die unser Organismus nicht normal existieren kann, versorgen ihn mit den essenziellen Aminosäuren und Vitaminen und nehmen an der Wärmeregulation teil. Bei heilkräftiger Nahrung ist besonders darauf zu achten, dass sie keine Schimmelpilze, Hefe- oder Fäulnisbakterien enthält.

Heilkräftige Ernährung richtet sich nach der Saison: Der Frühling ist die Zeit der Kräuter. Sommer und Herbst sind die Zeit von Obst und Gemüse. Im Winter wird Körnern und Getreiden der Vorzug gegeben. Der gesunde menschliche Organismus braucht nicht die alltägliche Vielfalt in der Nahrung. Er ist viel besser organisiert, als sich dies die Diätologen vorstellen können, die den Menschen täglich mit einer teuflischen Mischung inkompatibler Lebensmittel belasten.

Das Hauptkriterium bei der Auswahl der Nahrung ist die Erhaltung des Selbstverdauungsmechanismus in den Produkten. Je näher die Lebensmittel dem Zeitpunkt ihrer Ernte sind – sowohl zeitlich als auch räumlich –, desto höher ist ihr Nährwert. Darum sind Karotten, Rüben oder Petersilie, die gerade aus dem Garten kommen, unvergleichlich nahrhafter als Bananen, Avocados oder Melonen, die von weit her transportiert werden. Mögen Letztere auch wesentlich mehr Eiweiß, Fett und Kohlehydrate enthalten, so sind sie bei uns Naschereien, während sie in den Gegenden, wo sie wachsen, vollwertige Nahrungsmittel sind. Denken Sie daran: Wenn die Lebensmittel nach der Ernte bereits welk geworden sind oder gar schimmlig und runzlig, ist es besser, mit einer kleinen Menge vollwertiger Produkte auszukommen, als eine reichliche Menge aus alter Ware zuzubereiten. Je frischer ein Lebensmittel, desto besser gleicht es den Energieverbrauch des Organismus aus.

Teigwaren, weißes Mehl, geschälter und polierter Reis haben überhaupt keinen Nährwert, obwohl sie in der gewöhnlichen vegetarischen Ernährung eine bedeutende Rolle spielen.

Manchmal kann man die Meinung hören, dass die heilkräftige Ernährung unter den heutigen Bedingungen teuer kommt. Aber das hängt alles vom Standpunkt des Betrachters ab. Streichen Sie aus Ihrem Budget die Ausgaben für Fleisch, Wurst, Butter, Käse und Milch, und rechnen Sie nach, wie viel sie im Monat für Gemüse, Obst, Säfte und Getreide ausgeben. Sie werden sehen, dass Sie nicht mehr, sondern vielleicht sogar weniger Geld brauchen. Aber Ihr Hauptgewinn ist die Gesundheit. Sie werden den Weg zum Arzt und ins Krankenhaus vergessen, Sie werden auch kein Geld mehr in die Apotheke tragen.

Die heilkräftige Ernährung kann äußerst billig sein, wenn man berücksichtigt, dass der Mensch ausgezeichnet mit einer kalorien- und eiweißarmen Nahrung auskommt, sogar bei lang anhaltender schwerer körperlicher Belastung. Aber um das zu erreichen, muss er geistig ausgeglichen sein, und in seiner Ernährung müssen die natürlichen biologischen Eigenschaften erhalten sein.

Aber kehren wir zur Auswahl der Nahrungsmittel zurück. Die erste Missbilligung durch die Diätologen habe ich bereits vor 15 Jahren erfahren, als ich gefordert hatte, die tägliche Menge an Kochsalz auf zwei Gramm zu reduzieren, obwohl damals 25 Gramm als wissenschaftlich begründete Norm galten. Doch der Organismus braucht nur zwei Gramm am Tag, das ist noch heute so. Man muss außerdem im Auge behalten, dass Kochsalz für den Körper auch schädlich sein kann, weshalb man sich mit Meersalz oder Steinsalz versorgen sollte. Man kann das Essen auch mit getrocknetem, gemahlenem Seetang salzen.

Es gibt noch weitere Besonderheiten in der heilkräftigen Ernährung. Beispielsweise werden Sie hier keine Milch und Milchprodukte finden, es werden einem Gericht höchstens einmal ein, zwei Löffel Sahne zur Verbesserung des Geschmacks hinzugefügt. Milch ist ein ausgezeichnetes und das einzige vollwertige Lebensmittel im Säuglingsalter, wenn der Verdauungsapparat des Kleinkinds sich entwickelt. Der ist jedoch mit drei Jahren abgeschlossen.

Milchprodukte können in der Heilkost verwendet werden – aber das ist ein eigenes Thema. Ich möchte jedoch unterstreichen, dass die heilkräftige Ernährung die Milchbildung bei der stillenden Mutter fördert. Muttermilch kann durch nichts ersetzt werden. Von der Mutter hängt es ab, ob ihr Kind das ganze folgende Leben gesund ist oder nicht. Wenn die stillende Mutter in ihrer Nahrung tierisches Eiweiß verwendet, wird sie wenig Milch haben und nur kurze Zeit stillen können. Und umgekehrt weiß eine sich richtig ernährende Mutter gar nicht, was Zufüttern heißt. Wichtig ist, dass das Kind im ersten Lebensjahr keine andere Nahrung erhält als Muttermilch und eine beschränkte Menge an Frucht- und Obstsäften sowie Mandelmilch aus 5 bis 15 Mandeln. Jede andere Art des Zufütterns stört den natürlichen Ernährungsprozess des Säuglings.

Nüsse wirken sich ungünstig auf den menschlichen Organismus aus, wenn sie in großen Mengen verzehrt werden. Eine kleine Hand voll Haselnüsse oder Mandelkerne, drei bis vier Walnüsse oder ein Esslöffel Zirbelnüsse können als Tagesnorm gelten. Um eine »Milch«

aus Nuss- oder Mandelkernen herzustellen, erwärmen Sie die Kerne leicht und zermahlen sie dann fein (am besten in einer Kaffeemühle). Das Nussmehl vermengen Sie mit einigen Tropfen Saft oder Wasser. Die Konsistenz der Nussmilch können Sie selbst bestimmen. Für kleine Kinder, die dem Säuglingsalter entwachsen sind, eignen sich am besten Mandeln.

Süße Mandelkerne haben besonders hohe Nähreigenschaften. Weichen Sie am Abend etwa 20 Mandelkerne in Wasser ein, sodass Sie morgens ganz leicht die Haut abziehen können. Die weißen Kerne werden gerieben und mit ein paar Tropfen Wasser oder Karottensaft vermengt. Diese Speise eignet sich sehr gut für die Kräftigung von geschwächten Kindern und Erwachsenen. Sie kann auch im Säuglingsalter angewendet werden, wenn man die Kerne besonders fein mahlt.

Verzichten Sie auf die Verwendung von Zucker, da er keine biologischen Eigenschaften des Ausgangsprodukts bewahrt hat. Zucker ist nichts anderes als ein Konzentrat von reinen Kalorien. Er bringt Chaos in die Bauchspeicheldrüse und in das gesamte System des Kohlehydrataustauschs. Und das wiederum führt zu einer Störung des Stoffwechsels, zur allgemeinen Verringerung der körperlichen und geistigen Fähigkeiten, zu Nierensteinen, Schwächung der Immunabwehr und Diabetes.

Wenn Sie den Speiseplan Ihrer Familie bestimmen, denken Sie daran, dass die Konstanz des Säure-Basen-Gleichgewichts in den verschiedenen Abteilungen des Magen-Darm-Trakts eine besondere Bedeutung hat. Die Kohlehydrate werden im Mund verdaut. Dafür brauchen wir ein basisches Milieu und das natürliche Enzym

Ptyalin. Unter Einwirkung dieses Enzyms werden die geschmacksneutralen Stärken – Polysaccharide – in Zucker verwandelt. Dies funktioniert nicht ohne ein basisches Milieu, darum sollte der Mund immer vollständig in Ordnung sein. Das Ptyalin wird auf Kommando unseres Gehirns durch die Speicheldrüsen abgesondert, aber nur, wenn in unserem Mund nichts Süßes ist. Deshalb werden Sie in unseren Rezepten, im Unterschied zur orthodoxen und zur vegetarischen Küche, keine gesüßten Speisen finden, welche reich an Kohlehydraten sind. Wenn Sie gesund sein wollen, vergessen Sie Torten, Kekse, Milchbrötchen und andere der Natur des Menschen fremde Erzeugnisse.

Man sollte fette Nahrung vermeiden, weil sich Fett negativ auf den Verdauungsprozess auswirkt, indem es die Schleimhaut des Magen-Darm-Trakts mit einer Fettschicht überzieht. Man muss auch an den Zustand der Nieren denken: Bei einem Fettgehalt von zehn Prozent kommt es zu einer Degeneration des Nierengewebes. Fette stören außerdem den Prozess der Zellteilung und das hormonelle Gleichgewicht im Körper und senken die Effektivität des Immunsystems. Ein Fettüberschuss kann auch andere Folgen haben, nicht zuletzt eine Krebserkrankung.

Die Fette, die er braucht, bezieht der Organismus in erster Linie aus ganzen Getreidekörnern, Nüssen und einer geringen Menge an unraffiniertem Pflanzenöl. Ich bevorzuge Knoblauchöl, welches ich gewöhnlich selbst zubereite, und zwar zu der Jahreszeit, in der der Knoblauch am saftigsten ist. Die geputzten Zehen lege ich in ein Einweckglas und übergieße sie mit Pflanzenöl, vorzugsweise Oliven- oder Sojaöl bzw. Sonnenblumenöl.

Dann verschließe ich das Glas fest mit einem Kunststoffdeckel. Knoblauch und Öl verfügen über bakterizide Eigenschaften und brauchen keine zusätzliche Wärmebehandlung. Drei bis vier Wochen nach dem Ansetzen ist das Öl gebrauchsfertig. Ein Löffel Knoblauchöl in Saucen, Breie oder Salate verfeinert ihren Geschmack auf wunderbare Weise. Wenn das Öl zur Neige geht und der Knoblauch eine goldgelbe Farbe angenommen hat, kann man ihn sehr klein schneiden, leicht erwärmen und z.B. in Salaten verwenden.

Wenn man Speisen im voraus zubereiten muss, was man möglichst selten tun sollte, sollte man sie unter möglichst natürlichen Bedingungen aufbewahren.

Die Verarbeitung der Nahrungsmittel

In der heilkräftigen Ernährung hat – im Unterschied zu der vegetarischen Küche – die Wärmebehandlung der Nahrungsmittel bei der Speisenzubereitung eine wichtige Bedeutung. Die Lebensmittel sollten möglichst wenig und schonend erhitzt werden, weil sonst zu viele heilkräftige Eigenschaften verloren gehen und dieBekömmlichkeit verringert wird, da der Mechanismus der Selbstverdauung zerstört wurde. Jedoch ist ein vollständiger Verzicht auf Wärmebehandlung und ein Umsteigen auf Rohkost nicht zweckmäßig, allein schon deshalb, weil das Erhitzen den Geschmack von Kartoffeln, Getreide und Hülsenfrüchten verbessert. Außerdem erleichtert es die Zerkleinerung in der Mundhöhle und im Magen, was wiederum ihrer Bekömmlichkeit zugute kommt.

Beim Übergang zur artgerechten Ernährung sollten

Sie Ihre Pfannen erst mal im Schrank lassen – zumindest so lange, bis Sie gelernt haben, ohne Fett zu braten. Beim Braten erreicht das Fett eine Temperatur von 250 Grad Celsius, und es entstehen Gifte und Gase. Je kürzer die Wärmebehandlung, desto höher die Qualität der Speisen. Eine Zubereitung von Speisen über einer Temperatur von 100 Grad Celsius ist nicht wünschenswert. Eine kluge Hausfrau begreift sehr schnell, welches Lebensmittel welche Garzeit hat. Dabei ist zu beachten, dass das Gemüse besonders wertvoll ist, wenn es nach dem Garen noch etwas Biss hat.

Wenn Sie Ihre Familie mit gesunder Nahrung versorgen wollen, wärmen Sie niemals ein erkaltetes Gericht auf. Bei langlebigen und gesunden Völkerschaften kocht man gerade so viel, wie man für eine Mahlzeit braucht. Wenn Sie also zweimal am Tag essen, folgt daraus, dass Sie auch zweimal täglich kochen. Bei den langlebigsten Menschen, den Abchasen, ist es üblich, dass nach der Beendigung der Tafel alle Reste vom Tisch gefegt werden. Für die nächste Mahlzeit wird alles neu zubereitet.

Verwenden Sie niemals einen Schnellkochtopf. Darin erhöht sich dank der Druckentwicklung die Temperatur auf über 100 Grad Celsius, und das wirkt sich äußerst ungünstig auf die Eigenschaften der Nahrung aus. Man kann davon ausgehen, dass hier eine Veränderung der Wasser- und der Eiweißstruktur sowie eine Zerstörung der Enzyme eintritt, welche die Selbstverdauung des natürlichen Produkts sichern sollten.

Die Hygiene der Ernährung

Wenn man den Weg verfolgt, den ein menschlicher Organismus von der praktischen Gesundheit zu einer chronischen Erkrankung zurücklegt, zeigt es sich, dass sich die Ursachen für diese so unterschiedlichen Erkrankungen mit wenigen Ausnahmen überraschend gleichen. Zahlreiche Ursachen wurden auf den Seiten dieses Buchs schon erwähnt, und es besteht keine Notwendigkeit, sie zu wiederholen. Aber mit einem Fehler, welchen die Mehrheit aus Unkenntnis begeht, müssen wir uns speziell auseinander setzen. Und obwohl es ein alter Fehler ist, so alt wie der Mensch selbst, hat er seine Aktualität nicht verloren. Im Gegenteil: Er tritt immer mehr in die vorderste Reihe der akuten Probleme im Zusammenhang mit der menschlichen Gesundheit, und zwar der körperlichen wie auch der psychischen und geistigen Gesundheit. Es geht um Ernährungskultur. Genauer gesagt, um einen bescheidenen Aspekt von ihr, der Hygiene der Ernährung.

Ich täusche mich wohl nicht, wenn ich sage, dass für viele die Hygiene der Ernährung nicht mehr ist als das Händewaschen vor dem Essen und das Waschen von Gemüse und Obst mit heißem Wasser. Kaum jemand denkt dabei an die Entscheidung für heilkräftige Nahrungsmittel oder an die Notwendigkeit, die Speisen sorgfältig zu kauen.

Einem ähnlichen Irrtum unterliegen leider auch viele praktische Ärzte – was bleibt mir noch zu sagen, wenn mir die Chefärztin des russischen Gesundheitsministeriums nicht ohne Sarkasmus die Frage stellt: »Was wollen Sie uns schon Neues berichten? Dass wir die Zähne putzen sollen und uns die Hände waschen?«

Als dies geschah, hatte ich nicht den geringsten Wunsch, Zeit und Energie zu verschwenden, um die Lücken in der medizinischen Ausbildung dieser Frau zu füllen. Aber die wachsende Zahl chronischer Erkrankungen in unserem Land und in der ganzen Welt bestätigt mich darin, dass die Hygiene der Ernährung viel zu gering geschätzt wird. Um die Gesundheit zu bewahren und kranke Menschen zu behandeln ist es zwingend notwendig, sich ernsthaft und qualifiziert und unter Hinzuziehung der neuesten wissenschaftlichen Daten mit diesem wichtigen Thema auseinander zu setzen.

Ich bin überzeugt, dass es längst an der Zeit ist, in die Medizin, neben der sanitären Hygiene auch die physiologische Hygiene einzuführen. Dies würde erlauben, den Störungen der physiologischen Funktionen des ganzheitlichen menschlichen Organismus vorzubeugen. Eine solche Hygiene ist ein untrennbarer Bestandteil meines Systems der natürlichen Gesundung und gestattet es, die Gesundheit von Zehntausenden Menschen zu schützen. Die Einhaltung der Regeln der physiologischen Hygiene ist zudem ein wichtiger Heilfaktor, welcher sich als äußerst hilfreich bei der Bekämpfung schwerster chronischer Leiden erweist.

Ich möchte Ihre Aufmerksamkeit auf die Hygiene des Verdauungstrakts richten, wohlgemerkt des Verdauungstrakts und nicht des Magen-Darm-Trakts, obwohl beides heute häufig gleichgesetzt wird. Das sollte man aber nicht tun, weil man damit den Verdauungstrakt um zwei seiner wichtigsten Organe »verkürzt«: die Mundhöhle und die Speiseröhre. Und das ist keine zufällige Bemerkung, sondern wohl der eindrucksvollste Beweis dafür, wie vereinfacht, um nicht zu sagen primitiv ihre Rolle im Verdauungsprozess des Menschen von der herrschenden Medizin gesehen wird.

Entgegen einer weit verbreiteten Meinung ist unser Mund weder eine Verladestation noch eine Werkhalle für Vorbereitungsarbeiten, wo die Nahrung in Stücke zerlegt und mit Speichel eingeweicht wird, um sogleich durch die Speiseröhre in den Magen befördert zu werden. Dort beginnt sie nach der üblichen Ansicht ihre lange Reise von einer Abteilung des Magen-Darm-Trakts in die nächste und wird erst jetzt mit Hilfe der Verdauungsenzyme »richtig« verarbeitet. Die Untersuchungen von Setschenow und die Arbeiten von Pawlow haben gezeigt, welche entscheidende Rolle das Gehirn des Menschen in der Organisation des vielstufigen Verarbeitungsprozesses der Nahrung spielt. Das Gehirn arbeitet das Programm der folgerichtigen Aktivierung der einzelnen Abteilungen in diesem Prozess aus und legt den Bestand an Enzymen und Hormonen und das Säure-Basen-Verhältnis in den Verdauungssekreten fest. Aber um ein solches Programm auszuarbeiten, muss das Gehirn eine erschöpfende Information über die Zusammensetzung und Struktur der konsumierten Nahrung haben.

Die erste derartige Informationsquelle – sowohl der Reihenfolge wie der Bedeutung nach – ist der Mund. Hier befinden sich die Sensoren der Nervenfasern, mit deren Hilfe wir die Nahrung auf ihren Geschmack hin untersuchen und feststellen, aus welchen Bestandteilen sie sich zusammensetzt. Außerdem »bewerten« wir den Speiseklumpen mittels dieser Sensoren auf seine Festigkeit und seinen Feuchtigkeitsgehalt. Die gesamten Informationen werden unmittelbar an das Gehirn weitergeleitet, welches auf dieser Grundlage das Aktionsprogramm der Verdauungsorgane festlegt.

Aber die Funktionen der Mundhöhle sind damit noch lange nicht erschöpft. Der Mund des Menschen ist ein ebenso wichtiger Abschnitt des Verdauungstrakts wie alle anderen auch. Hier beginnt der Prozess der Nahrungsverarbeitung, und von der Qualität dieser Verarbeitung hängt in entscheidendem Maß ab, wie effektiv die Verdauung in dem nächsten Abschnitt sein wird.

Ich habe schon davon gesprochen, dass die Umwandlung der Stärke in leicht verdaulichen Zucker in dem basischen Milieu der Mundhöhle unter Einwirkung der Speichelenzyme geschieht. Wenn man ganz genau sein will, dürfte es nicht heißen »geschieht«, sondern »geschehen sollte«. Denn dieser Prozess wird in der Regel nicht bis zu Ende geführt, und zwar ausschließlich aus unserer eigenen Schuld. Wir haben nicht genügend Geduld, die Nahrung so lange zu kauen, wie es die erste von vielen Regeln der physiologischen Hygiene des Verdauungstrakts erfordert.

Diese Regeln selbst sind schon seit Urzeiten bekannt und in verschiedenen Varianten zu uns gelangt, ohne je den Segen einer wissenschaftlichen Nachprüfung erhalten zu haben. Von der *Notwendigkeit eines sorgfältigen Kauens der Nahrung* sprachen Pythagoras und Hufeland, Kant und Fletcher, Shelton und Osawa. Letzterer rät beispielsweise einem gesunden Menschen, die Nahrung 50-mal zu kauen, einem Kranken 100-mal und jemandem, der auf dem Weg zur Vervollkommnung ist, 150-mal.

Ich sage ganz offen: Wenn ich meine Patienten beobachtete, wie sie diesen Empfehlungen nachzukommen versuchten, bemerkte ich, wie sie beim Zählen der Kaubewegungen mit der Zeit immer mehr an geistig behinderte Menschen erinnerten. Und wirklich, welcher geistig normale Mensch hat denn für so etwas Geduld? Aber das hebt die genannte Regel keineswegs auf: *lange und sorgfältig kauen.* Denn die Hauptsache ist hier nicht der Prozess, sondern das Ergebnis. Kauen Sie, ohne zu zählen, so oft wie nötig, bis sich die Nahrung in eine flüssige, gleichförmige Masse verwandelt, die nicht einmal die kleinsten harten Stückchen aufweist und welche man trinken könnte wie Wasser. In diesem Fall wird die Umwandlung der Stärke in Zucker hauptsächlich in der Mundhöhle vor sich gehen, was die anderen Abteilungen des Verdauungstrakts entlastet. Und das ist bei einer heilsamen Ernährung die Hauptsache.

Aber es wird Ihnen niemals gelingen, die Nahrung zu einem flüssigen Zustand zu verarbeiten, wenn Sie den Mund voll stopfen. Beobachten Sie, was in diesem Fall geschieht: Sobald Sie zu kauen beginnen, rufen unzerkleinerte Stücke unwillkürliche Schluckbewegungen hervor, und ein Teil der unzerkauten Nahrung gelangt in die Speiseröhre und von dort in den Magen.

Deshalb erfordert die zweite Regel der physiologischen Hygiene des Verdauungstrakts, *die Nahrung in so kleinen Portionen in den Mund zu führen, wie sie die beste Verarbeitung ermöglichen.*

Wenn Sie erst einmal lernen, die beiden ersten Regeln zu beachten, dann werden Sie sofort bemerken, wie sehr sich die von Ihnen benötigte Nahrungsmenge verringert, und zwar ohne irgendwelche Anstrengungen Ihrerseits. Auch die Funktionen des Schließmuskels, der die Speiseröhre von der Mundhöhle trennt, werden regeneriert.

Die Natur hat ihn in unseren Verdauungstrakt eingebaut, um das Eindringen unbearbeiteter Nahrung vom Mund in die Speiseröhre zu verhindern. Wir aber versuchen, wo immer es geht, ihn an der Ausführung seiner Funktion zu hindern.

Vor 15 bis 20 Jahren las ich einmal eine Meldung über ein Mädchen, welches beim Versuch, mit der Gabel ein im Halsschließmuskel festsitzendes unzerkautes Stück Fleisch durchzustoßen, zusammen mit dem Fleisch auch die Gabel verschluckte. Das Mädchen wurde durch eine Notoperation gerettet, die Gabel aus dem Magen entfernt, aber die unangenehme Empfindung, die dieser barbarische Umgang mit dem eigenen Körper in mir hervorgerufen hat, verfolgt mich bis heute.

Weiter oben habe ich erläutert, dass aus der Mundhöhle Informationen in unser Hirn gelangen, wo das Programm für die Verarbeitung der Nahrung berechnet wird. Es ist einsichtig, dass die Nahrung umso leichter und effektiver verarbeitet werden kann, je einfacher sie ist, je weniger Komponenten in ihr zusammentreffen. Besonders wichtig ist das bei einer gezielten Heilernährung, aber auch beim Übergang von der gemischten tierisch-pflanzlichen Ernährung zu einer heilkräftigen. Darum schreibt die dritte Regel der Hygiene des Verdaungstrakts eine Monodiät vor: *Der Verzehr eines einzigen Nahrungsmittels pro Nahrungsaufnahme ist wünschenswert und in manchen Fällen unumgänglich.* Für einen gesunden Menschen, der bereits auf die heilkräftige Ernährung umgestiegen ist bzw. gerade umsteigt, ist eine Monodiät wünschenswert. Für chronisch Kranke ist sie bindend.

Als nächste Abteilung des Verdauungstrakts folgt die

Speiseröhre, der ich immer eine besondere Aufmerksamkeit schenke, vor allem, wenn ich mit Herz-Kreislauf-Erkrankungen zu tun habe. Die enge »Nachbarschaft« der Speiseröhre mit dem Herzen kann das Verlaufsbild des Herzleidens verzerren, wenn in der Speiseröhre ebenfalls krankhafte Erscheinungen vorliegen. Man sollte dieses Organ auch deshalb nicht vergessen, weil es häufig Opfer von Geschwulsterkrankungen wird.

Unter einem ungesunden Ernährungsverhalten leidet in erster Linie der untere Bereich der Speiseröhre. Dies äußert sich bei unterschiedlichen Menschen auf verschiedene Weise, je nach Konstitution. Ich werde mich hier nicht in Details verlieren, weil eine individuelle Diät Sache des behandelnden Arztes ist. Für den Leser genügt es, sich die vierte Regel des Verdauungstrakts anzueignen: *Der Zeitraum zwischen den einzelnen Nahrungsaufnahmen sollte mindestens vier Stunden betragen.* Genau diese Zeit ist zur vollständigen Verdauung der Nahrung im Magen erforderlich, natürlich unter der Voraussetzung, dass es sich um für den Menschen artgerechte Nahrungsmittel handelt.

Für alle, die sich von tierischen Produkten noch nicht verabschiedet haben, füge ich hinzu, dass zur vollständigen Entleerung des Magens nach dem Verzehr von Fleisch acht Stunden erforderlich sind, beim Konsum von Milch sechs Stunden und bei Wurst- und anderen Fleischprodukten bis zu zwölf Stunden.

Die Funktion der Speiseröhre kann aus verschiedenen Gründen gestört sein, ein Grund ist zu spätes Essen. Am Übergang von der Speiseröhre zum Magen befindet sich der Magenmund (Cardia) mit einem Ringmuskel. Dieser lässt in seiner Aktivität bei vielen Menschen nach 17 oder 18 Uhr nach. Statt zügiger Verdauung beginnt die Nahrung dann zu faulen und zu gären, was weder für die Gesundheit der Speiseröhre gut ist noch für den Magen, wohin die Speisen ja schließlich gelangen. Ich möchte vor allem Menschen mit Blähbauch auf diesen Punkt hinweisen, welcher das erste und am meisten charakteristische Anzeichen einer Unstimmigkeit im unteren Drittel der Speiseröhre ist.

Deshalb empfiehlt es sich für viele Menschen nicht, nach 18 Uhr Nahrung aufzunehmen, im äußersten Fall können sie sich eine Tasse Kräutertee mit Honig erlauben.

Aus dem gleichen Grund wäre es für manchen ratsam, auch frühmorgens auf feste Nahrung zu verzichten und das Frühstück durch eine Tasse Kräutertee oder Gemüsesaft zu ersetzen.

Die Hauptmahlzeit sollte etwa um 14 Uhr eingenommen werden. Wenn Sie noch nicht daran gewöhnt sind, nur einmal am Tag zu essen, können Sie die Anzahl der Mahlzeiten erhöhen. Die vierstündigen Intervalle zwischen den Mahlzeiten müssen aber unbedingt eingehalten werden.

Und jetzt, nachdem wir zwei äußerst wichtigen Abschnitten des Verdauungstrakts unsere Aufmerksamkeit gewidmet haben, kommen wir zum Magen-Darm-Trakt. Wir beginnen mit dem Magen. Er besitzt eine gut entwickelte Muskelwand, die von innen mit Schleimhaut überzogen ist, in der sich die Drüsen befinden, welche die Verdauungssäfte bilden. Mit ihrer Hilfe werden im Magen die in der Nahrung enthaltenen Eiweiße verarbeitet.

Wie Sie bereits wissen, dehnen sich die Magenwände

bei zu reichlicher und falscher Ernährung aus, die Muskeln werden schlaff und die Schleimhaut wird dünner, was zu einer Störung der Drüsenfunktionen führt. Dies kann man tatsächlich wieder rückgängig machen, wobei die Behandlung streng individuell ist. Dabei ist zu bedenken, dass das Volumen der bei einer Mahlzeit eingenommenen Nahrung das natürliche Volumen des nicht gedehnten Magens nicht überschreitet. Dieses Volumen beträgt 250 bis 350 Milliliter. Wenn Sie genauere Angaben über die Ihnen gemäße Menge bekommen wollen, so ballen Sie Ihre Hand zur Faust und halten Sie sie in einen ausreichend großen, mit Wasser gefüllten Messbecher. Die Wassermenge, welche von Ihrer Faust verdrängt wird, entspricht dem Inhalt Ihres Magens im nicht ausgedehnten Zustand.

Am Magenausgang liegt der Pylorus, der Magenpförtner, welcher den Magen vom Zwölffingerdarm trennt. In den Zwölffingerdarm münden Gänge, welche ihn mit der Leber und der Bauchspeicheldrüse verbinden.

Der Magenpförtner lässt die Nahrung erst aus dem Magen, wenn sie verarbeitet ist und die Neutralisierung des im Magen umgewandelten Speisebreis abgeschlossen ist. Das ist funktionell unumgänglich, weil die Stabilität des basischen Milieus im Zwölffingerdarm dauerhaft sein sollte.

Das ist ein weiterer Grund, welcher uns eine mindestens vierstündige Pause zwischen den Mahlzeiten diktiert. Stellen Sie sich vor, dass die Verarbeitung der ersten Nahrungsportion dem Ende zugeht und der Prozess der Neutralisierung begonnen hat. Wenn Sie in dieser Zeit wieder etwas essen, entsteht das Dilemma, ob der Prozess der Neutralisierung fortgesetzt werden soll, oder ob der Säuregehalt des Magensafts drastisch erhöht wird, um die Verarbeitung einer neuen Portion Nahrung zu beginnen. Wenn Sie Ihre Gesundheit bewahren wollen, dann geben Sie Ihrem Magen nicht derartige Rätsel auf.

Im Zwölffingerdarm kommt es zur weiteren Verarbeitung der Nahrung durch das hier abgesonderte Darmsekret sowie durch die Gallenflüssigkeit und das Sekret der Bauchspeicheldrüse. Der Gang der Bauchspeicheldrüse und der Gallengang eröffnen sich in die Höhle des Zwölffingerdarms durch die so genannte Vater-Papille, welche absolut keine Säure verträgt. Wenn also der Magenpförtner halb offen steht (und bei einem überdehnten Magen ist das nicht die Ausnahme, sondern eher die Regel) und der saure Mageninhalt in den Zwölffingerdarm drängt, haben Sie große Unannehmlichkeiten zu erwarten: eine Entzündung oder gar Krebs der Vater-Papille. Das Gleiche kann auch im umgekehrten Fall eintreten, wenn die im Zwölffingerdarm befindliche Gallenflüssigkeit durch den geöffneten Pförtner in den Magen eintritt und den ohnehin schon ausgedünnten Schutzfilm von seinen Wänden wäscht: ein Magengeschwür oder Magenkrebs sind mehr als wahrscheinlich.

Schon diese wenigen hier angeführten Beispiele geben Ihnen eine Vorstellung von der großen Bedeutung, welche der Zustand des Magenpförtners für uns und unsere Gesundheit hat. Seine Aufgabe ist es, die »Tür« zwischen Magen und Zwölffingerdarm geschlossen zu halten – wenn seine Funktionen gestört sind, helfen weder die neusten medizinischen Präparate noch die modernste medizinische Technik oder das Skalpell des Chirurgen. Lediglich die Beachtung der Hygiene des Verdauungstrakts und nötigenfalls auch ein Umsteigen auf Heilkost können den Magenpförtner wieder in Ordnung bringen und Sie vor zahlreichen chronischen Erkrankungen bewahren.

Aus dem Zwölffingerdarm gelangt die hier verarbeitete Nahrungsportion in den Dünndarm, wo in einem komplizierten Prozess die Nährstoffe resorbiert werden. An das Verständnis dieser Prozesse hat sich auch Pawlow nur angenähert, ohne ganz in ihr Geheimnis einzudringen. Das blieb seinem talentierten Schüler Ugolew vorbehalten. Wir wollen uns nicht mit seinen hochinteressanten, äußerst wichtigen wissenschaftlichen Forschungen und Entdeckungen aufhalten, weil für unsere Zwecke die allgemeinen Schlussfolgerungen des Gelehrten wichtiger sind. Mit ihrer Hilfe können wir verstehen, wie unser Organismus durch Abfallprodukte seiner Tätigkeit – die so genannten Schlacken – verunreinigt oder vergiftet wird. An dem Problem, wie man diese Schlacken beseitigen kann, wird intensiv gearbeitet, und die Entwicklung immer neuer Entschlackungspräparate hat sich als ein sehr gewinnträchtiger Zweig im Medizingeschäft entpuppt.

Ugolew und seine Mitarbeiter haben drei Typen der Verdauung entdeckt, mit deren Hilfe die Verarbeitung der Nahrung vor sich geht: die Höhlenverdauung, die Membranverdauung und die intrazelluläre Verdauung. Bei der Höhlenverdauung im Mund und im Magen-Darm-Trakt findet die primäre Aufspaltung der in der Nahrung enthaltenen organischen Verbindungen statt. Wir wissen heute, dass die Aufspaltung der Stärke in der Mundhöhle beginnt, die der Eiweiße im Magen und die der Fette im Zwölffingerdarm.

Die Membranverdauung, welche an der Oberfläche der Zellen stattfindet, die den Dünndarm auskleiden, führt die Aufspaltung der organischen Verbindungen mit Hilfe der dort verfügbaren Enzyme zu Ende und nimmt am Transport der Nährstoffmoleküle in das Zelleninnere teil. In der Zelle selbst gibt es kleine Bläschen, die Lysosomen, die ebenfalls voll von Verdauungsenzymen sind, welche in Extremsituationen verwendet werden.

Somit sind die grundlegenden Verdauungsarten beim Menschen die Höhlen- und die Membranverdauung. Wenn Sie als Nahrung artgerechte pflanzliche Lebensmittel verwenden, wenn dank Ihrer strengen Beachtung der Hygieneregeln des Verdauungstrakts dieser bei Ihnen gut funktioniert, wird die Aufspaltung der organischen Substanzen in der Hauptsache auf der Ebene der Höhlenverdauung abgeschlossen sein. Die nicht verwerteten Nahrungsreste verbleiben dann in der Darmhöhle und werden aus dem Organismus ausgeschieden. Aber das Bild ändert sich schlagartig, wenn Sie sich nach der ausgewogenen, gemischten Ernährung richten. Der Verzehr der schwer verdaulichen tierischen Eiweiße und Fette erschwert den Prozess ihrer Aufspaltung und führt zu einer vielfach höheren Belastung des Mechanismus der Membranverdauung. In diesem Fall verbleiben die Abfälle des Verdauungsprozesses – die Schlacken – in unserem Organismus zwischen den Zellen, und ihre Beseitigung liegt als zusätzliche Last auf dem Ausscheidungssystem unseres Organismus, vor allem auf Leber und Nieren.

Aber das sind bei weitem noch nicht alle Nachteile, die uns die gemischte Ernährung bringt. Nachdem der Mechanismus der Membranverdauung unter ständiger Extrembelastung arbeitet, dringt ein Teil der unzulänglich verarbeiteten Nährstoffe in das Allerheiligste unseres Körpers ein, in das Innere der Zellen, unter anderem in die Gehirnzellen. In diesem Augenblick entsteht der Bedarf an den Verdauungsenzymen, die von den Zellen in den Lysosomen angelagert wurden. Jetzt wird der Notmechanismus der intrazellulären Verdauung in Gang gesetzt, welche überhaupt nicht typisch für den Menschen ist. Im Ergebnis wird die normale Tätigkeit der Zellen gestört, und ihr inneres Milieu wird von Schlacken verunreinigt. Somit ist die intrazelluläre Verdauung nichts anderes als ein Teil des Adaptionsmechanismus, welcher es dem Menschen erlaubt, sich an die für ihn ungünstigen Existenzbedingungen anzupassen. Allerdings ist es ein absolut überflüssiger Teil, der nicht erforderlich wäre, wenn sich der Mensch in seiner Ernährung und bei der Hygiene des Verdauungstrakts vernünftig verhalten würde. Die Praxis zeigt, dass Menschen, die sich konsequent an das System der natürlichen Gesundung halten, nicht nur keinen Notmechanismus für ihre Verdauung brauchen, sondern auch keine wie immer gearteten Mechanismen und Mittel zur Entschlackung. All diese Methoden, auch die neuesten und modernsten von ihnen, selbst die noch nicht erfundenen, sind nur ein Teil jenes unangemessen hohen Tributs, den die Menschheit dem Idol der gemischten Ernährung zollt.

Mit dem Dünndarm endet jener Teil des Verdauungstrakts, in dem die in der Nahrung enthaltenen organischen Verbindungen mithilfe der körpereigenen Enzyme aufgespalten und die Nährstoffe resorbiert werden.

»Und der Dickdarm?«, werden Sie nun fragen. »Er ist doch eine organische Fortsetzung des Dünndarms und unseres gesamten Verdauungstrakts?«

Ganz richtig, aber mit einer Einschränkung: In den Verdauungsprozessen, welche in den vor dem Dickdarm liegenden Abschnitten vor sich gehen, sind die Hauptakteure die ureigenen Enzyme des Menschen. Im Dickdarm beginnt das Reich der Bakterien. Diese Bakterien verarbeiten jene Nahrungsfragmente, welche mit unseren eigenen Mitteln nicht verdaut werden können.

Zu diesen Fragmenten gehören in erster Linie die in den pflanzlichen Nahrungsmitteln enthaltenen Nährstoff-Fasern. Gerade sie sind die Hauptnahrung für unsere kleinen Freunde und Helfer, für die unser Dickdarm zur Heimstatt geworden ist. Indem sie diese Fasern aufspalten, erzeugen sie nebenbei die essenziellen Aminosäuren und Vitamine, welche der Mensch dringend braucht, welche aber von seinem Organismus nicht hergestellt werden.

Deshalb ist das Hauptziel einer Hygiene des Dickdarms die Schaffung eines Milieus, welches optimale Bedingungen für die ihn bewohnende bakterielle Flora bietet. Dabei sind zwei Bedingungen zu beachten.

Die erste bezieht sich auf den Pförtner, welcher den Dünndarm vom Dickdarm trennt: Wenn der Pförtner auf Grund einer falschen Ernährung halb offensteht, gelangt noch nicht ausreichend verarbeiteter Darminhalt aus dem Dünndarm in den Dickdarm und wirkt verheerend auf die dort lebenden Bakterien. Durch die heilkräftige Ernährung wird dies vermieden.

Die zweite Bedingung für die Erhaltung der Darmflora besteht aus dem Verzicht auf die Einnahme von Antibiotika und anderen Präparaten mit bakterizider Wirkung.

Zum Abschluss noch ein Wort zum Trinken: Trinken

Sie *vor* dem Essen, am besten mit einem Abstand von mindestens zehn Minuten. So verdünnen Sie die Magensäfte nicht nachträglich, was die Effektivität des Verdauungsprozesses vermindern würde.

Ich habe hier die einfachsten, von jedem Menschen realisierbaren Regeln einer Hygiene des Verdauungstrakts beschrieben. Beachten Sie diese Regeln, und die zahlreichen chronischen Erkrankungen werden aufhören, Sie zu belästigen.